A SAGRADA COMUNHÃO E O CULTO DO MISTÉRIO EUCARÍSTICO FORA DA MISSA

Ilustrações: *Cláudio Pastro*

4ª edição - 2011
5ª reimpressão - 2021

Paulinas

Rua Dona Inácia Uchoa, 62
04110-020 – São Paulo – SP (Brasil)
Tel.: (11) 2125-3500
http://www.paulinas.com.br – editora@paulinas.com.br
Telemarketing e SAC: 0800-7010081

RITUAL ROMANO

Restaurado por decreto do Concílio Ecumênico Vaticano II
e promulgado pela autoridade do Papa Paulo VI

A SAGRADA COMUNHÃO E O CULTO DO MISTÉRIO EUCARÍSTICO FORA DA MISSA

Edição típica em tradução portuguesa para o Brasil realizada e publicada pela Conferência Nacional dos Bispos do Brasil

APROVAÇÃO

Os textos litúrgicos da parte do Ritual Romano intitulada A SAGRADA COMUNHÃO E O CULTO DO MISTÉRIO EUCARÍSTICO FORA DA MISSA, publicados neste volume pela Paulinas, concordam com os originais aprovados pela Comissão Episcopal para Exame e Aprovação das Traduções de Textos Litúrgicos, da Conferência Nacional dos Bispos do Brasil e a tradução dos textos bíblicos para a Liturgia, confirmados pela Sagrada Congregação para o Culto Divino e a Congregação para o Culto Divino e a Disciplina dos Sacramentos.

Petrópolis, 22 de fevereiro de 2000.

Coordenador de Traduções e Publicações
de Textos Litúrgicos da CNBB

FREI ALBERTO BECKHÄUSER, ofm

PROMULGAÇÃO

Na qualidade de Presidente da Conferência Nacional dos Bispos do Brasil, tendo em vista a versão brasileira da parte do Ritual Romano intitulada a SAGRADA COMUNHÃO E O CULTO DO MISTÉRIO EUCARÍSTICO FORA DA MISSA, aprovada pela Comissão Episcopal para Exame e Aprovação das Traduções dos Textos Litúrgicos (CEEATTL) e confirmada pela Sagrada Congregação para o Culto Divino, mediante o Protocolo n. 440/75 de 20 de março de 1975, levamos ao conhecimento de todos e promulgamos os referidos atos para que produzam todos os seus efeitos a partir do dia 29 de maio de 1975, Solenidade do Santíssimo Corpo e Sangue de Cristo.

Rio de janeiro, 6 de maio de 1975.

† Aloísio Lorscheider
Presidente da
Conferência Nacional dos Bispos do Brasil

APRESENTAÇÃO

A nova publicação do Ritual da Sagrada Comunhão e do Culto do Mistério Eucarístico fora da Missa situa-se no contexto deste Ano Santo que estamos celebrando. Assim como cada ano do triênio preparatório para o Grande Jubileu destacava um sacramento, "o ano 2000 será intensamente eucarístico: no *sacramento da Eucaristia* o Salvador, que se encarnou no seio da Virgem Maria vinte séculos atrás, continua a oferecer-se à humanidade como fonte de vida divina" (TMA, 55).

Neste ano, também realiza-se, em Roma, o 47º Congresso Eucarístico Internacional. No Brasil, com a Solenidade de Corpus Christi, inicia-se o Ano Eucarístico em preparação ao 14º Congresso Eucarístico nacional, na cidade de Campinas, SP, em 2001.

Iluminadoras são as palavras da Instrução *Eucharisticum Mysterium:* "Não é inútil recordar que o fim primeiro e primordial da reserva das sagradas espécies fora da Missa é a administração do viático; os fins secundários são a distribuição da Comunhão fora da Missa e a adoração de nosso Senhor Jesus Cristo, oculto debaixo das mesmas espécies. A reserva das espécies sagradas para a Comunhão dos enfermos introduziu o louvável costume de adorar este alimento celeste conservado nas igrejas. Este culto de adoração se baseia em razões muito sólidas e firmes, sobretudo porque sua manifestação externa e pública é conatural à fé na presença real do Senhor" (cf. EM 49).

Este Ritual certamente há de favorecer o desenvolvimento do culto eucarístico fora da Missa, dentro das grandes linhas e orientações da Constituição sobre a Sagrada Liturgia do Concílio Ecumênico Vaticano II e de acordo com os demais documentos do Magistério da Igreja.

Brasília, 2 de fevereiro de 2000,
Festa da Apresentação do Senhor.

† Geraldo Lyrio Rocha
Bispo de Colatina
Responsável pela
Dimensão Litúrgica na CNBB

SAGRADA CONGREGAÇÃO PARA O CULTO DIVINO

Prot. n. 440/75

PARA O BRASIL

O texto dos Ritos da Sagrada Comunhão e do Culto do Mistério Eucarístico fora da Missa, em tradução portuguesa.

Aprovado e confirmado.

Da Sede da Sagrada Congregação
para o Culto Divino,
dia 20 de março de 1975.

† A. Bugnini

Arceb. tit. de Dioclécia
Secretário

SAGRADA CONGREGAÇÃO PARA O CULTO DIVINO

Prot. n. 900/73

DECRETO

Cristo confiou à Igreja, sua dileta esposa, o Sacramento da Eucaristia como alimento espiritual dos fiéis e penhor da vida eterna, e ela com fé e amor continuamente o recebe.

A celebração da Eucaristia no sacrifício da Missa é a origem e o fim do culto que lhe é prestado fora da Missa. As sagradas espécies são conservadas após a Missa principalmente para que os fiéis que dela não puderem participar, sobretudo os enfermos e pessoas idosas, se unam pela comunhão sacramental ao sacrifício de Cristo, imolado na Missa.

Do costume de conservar as sagradas espécies para a santa comunhão originou-se o hábito de adorar este sacramento e tributar-lhe o culto de latria, devido a Deus. Este culto de adoração se apóia em fundamentos válidos e firmes; além disso, algumas de suas formas públicas e comunitárias foram instituídas pela própria Igreja.

Por isso, tendo sido restaurado o Rito da Missa e publicadas as normas "sobre a disposição prática do culto a esse Sacramento após a Missa, em harmonia com a celebração do sacrifício da Missa conforme as prescrições do Concílio Vaticano II e outros documentos da Sé Apostólica sobre a matéria"[1], a Sagrada Congregação para o Culto Divino reformou os ritos denominados *A Sagrada Comunhão e o Culto do Mistério Eucarístico fora da Missa*.

Estes ritos, aprovados pelo Papa Paulo VI, são publicados agora nesta edição declarada típica, para que substituam os ritos até hoje em vigor no Ritual Romano. Em latim, este Ritual poderá ser usado imediatamente. Em vernáculo, a partir da data fixada pelas Conferências Episcopais nas respectivas regiões, depois que a tradução for confirmada pela Sé Apostólica.

Revogam-se as disposições em contrário.

Da Sede da Sagrada Congregação para o Culto Divino, dia 21 de junho de 1973, Solenidade do Santíssimo Sacramento do Corpo e do Sangue de Cristo.

ARTURUS CARD. TABERA
Prefeito

† A. BUGNINI
Arceb. tit. de Dioclécia
Secretário

---

[1] S. Congr. dos Ritos, Instrução *Eucharisticum Mysterium*, n. 3g: AAS 59 (1967), p. 543.

INTRODUÇÃO GERAL

Relação entre o Culto eucarístico fora da Missa e a Celebração eucarística

1. A celebração da Eucaristia é o centro de toda a vida cristã, tanto da Igreja universal como de suas assembléias locais. Na verdade, "os demais sacramentos bem como todos os ministérios eclesiásticos e as tarefas apostólicas, ligam-se estreitamente à Sagrada Eucaristia e a ela se ordenam. Pois, a Santíssima Eucaristia contém todo o bem espiritual da Igreja, a saber, o próprio Cristo, nossa Páscoa e pão vivo que dá vida ao ser humano por sua carne vivificada e vivificante por obra do Espírito Santo. Dessa forma o ser humano é convidado a oferecer com Cristo a si próprio seus trabalhos e todas as coisas criadas"[1].

---

[1] Conc. Vat. II, Decr. *Presbyterorum Ordinis*, n. 5.

2. Além disso, "a celebração da Eucaristia no sacrifício da Missa é a origem e o fim do culto que lhe é prestado fora da Missa"[2]. O Cristo Senhor, que "se imola no próprio sacrifício da Missa quando começa a estar sacramentalmente presente como alimento espiritual dos fiéis sob as espécies de pão e de vinho", é também "o Emanuel, isto é, o 'Deus conosco', como sacrifício oferecido, enquanto a Eucaristia se conserva nas igrejas e oratórios. Dia e noite ele permanece no meio de nós, habitando conosco cheio de graça e de verdade"[3].

3. Não se pode pôr em dúvida que todos os cristãos, segundo o costume tradicional na Igreja, ao venerarem este Santíssimo Sacramento, lhe prestem o culto de latria, devido ao Deus verdadeiro. E, pelo fato de ter sido instituído pelo Cristo Senhor como alimento, não deve deixar de ser adorado[4].

4. Para se organizar e fomentar a verdadeira devoção ao Santíssimo Sacramento da Eucaristia, deve-se considerar o mistério eucarístico em toda a sua

---

[2] S. Congr. dos Ritos, Instr. *Eucharisticum Mysterium,* n. 3e: AAS 59 (1967), p. 542.

[3] *Ibid.*, n. 3b: *loc. cit.*, p. 541; Paulo VI, Carta Encíclica, *Mysterium fidei*, pelo fim: AAS 57 (1965), p. 771.

[4] S. Congr. dos Ritos, Instr. *Eucharisticum Mysterium,* n. 3f: AAS 57 (1967), p. 543.

amplitude, tanto na celebração da Missa como no culto das sagradas espécies, que se conservam depois da Missa para prolongar a graça do sacrifício[5].

As finalidades da conservação da Eucaristia

5. A finalidade primária e primordial de conservar a Eucaristia fora da Missa é a administração do Viático; são fins secundários a distribuição da comunhão e a adoração de nosso Senhor Jesus Cristo presente no Sacramento. A conservação das sagradas espécies para os enfermos introduziu o louvável costume de adorar-se este alimento celeste conservado nas igrejas. Esse culto de adoração se apóia em fundamentos válidos e firmes, sobretudo porque a fé na presença real do Senhor tende a manifestar-se externa e publicamente[6].

6. Na celebração da Missa manifestam-se sucessivamente as principais modalidades da presença do Cristo em sua Igreja. Em primeiro lugar ele está presente na própria assembléia dos fiéis, reunida

[5] Cf. *Ibid.*, n. 3g: *loc. cit.*, p. 543.
[6] Cf. *Ibid.*, n. 49: *loc. cit.*, p. 566-567.

em seu nome; depois, na sua palavra, quando se lêem na igreja e se explicam as Sagradas Escrituras e, por fim, de modo eminente sob as espécies eucarísticas. De fato, no sacramento da Eucaristia, de modo todo singular, Cristo está presente todo e inteiro, Deus e homem, substancial e permanentemente. Esta presença de Cristo sob as espécies "chama-se 'real' não por exclusão, como se as outras não o fossem, mas por excelência"[7].

Assim, em razão do sinal, convém mais à natureza da celebração sagrada que o Cristo, na medida do possível, não esteja eucaristicamente presente desde o início da Missa pela conservação das sagradas espécies no tabernáculo, sobre o altar onde se celebra a Missa, pois esta presença é fruto da consagração e deve aparecer como tal[8].

7. As hóstias, consagradas em quantidade suficiente para a comunhão dos enfermos e outros fiéis fora da Missa, sejam com freqüência renovadas e conservadas em píxide ou cibório[9].

---

[7] Paulo VI, Carta Encíclica, *Mysterium fidei*: AAS 57 (1965), p. 764; cf. S. Congr. dos Ritos, Instr. *Eucharisticum Mysterium*, n. 9: AAS 59 (1967), p. 547.

[8] Cf. S. Congr. dos Ritos, Instr. *Eucharisticum Mysterium*, n. 55: AAS 59 (1967), pp. 568-569.

[9] Cf. Missal Romano, *Instrução Geral*, nn. 285 e 292.

8. Cuidem os pastores que, a não ser que obste motivo grave, as igrejas em que, segundo as normas do direito, se conserva a Santíssima Eucaristia, estejam abertas diariamente ao menos por algumas horas, nos horários mais apropriados, para que os fiéis possam facilmente rezar diante do Santíssimo Sacramento[10].

O lugar da conservação da Eucaristia

9. O lugar onde se conserva a Santíssima Eucaristia seja realmente um lugar de destaque. Recomenda-se encarecidamente que este lugar seja ao mesmo tempo apropriado para a adoração e a oração particulares de modo que os fiéis com facilidade e proveito possam honrar individualmente o Senhor presente no Sacramento.

Isso se conseguirá mais facilmente se a capela do Santíssimo estiver separada da nave central, principalmente nas igrejas, onde com freqüência se celebram casamentos e exéquias, como também naquelas muito visitadas por peregrinações ou por causa de seus tesouros artísticos e históricos.

[10] Cf. S. Congregação dos Ritos, Instr. *Eucharisticum Mysterium*, n. 51: AAS 59 (1967), p. 567; CIC, cân. 937.

10. A Santíssima Eucaristia seja conservada em um tabernáculo inamovível e construído de matéria sólida e não transparente e, de tal modo fechado, que se evite o mais possível o perigo de profanação. Normalmente haja em cada igreja e oratório um único tabernáculo colocado em alguma parte da igreja ou oratório, que seja distinta, visível, ornada com dignidade e própria para a oração.

Quem tem o cuidado da igreja ou oratório providencie que seja guardada com o máximo cuidado a chave do tabernáculo onde se conserva a Santíssima Eucaristia[11].

11. A presença da Santíssima Eucaristia no tabernáculo seja indicada pelo conopeu ou de outro modo determinado pela autoridade competente.

Diante do tabernáculo em que se conserva a Santíssima Eucaristia, brilhe continuamente uma lâmpada especial com a qual se indique e reverencie a presença de Cristo.

Segundo antigo costume, a lâmpada, na medida do possível, seja alimentada com azeite ou cera[12].

---

[11] Cf. S. Congregação dos Ritos, Instr. *Eucharisticum Mysterium*, nn. 52-53: AAS 59 (1967), pp. 567-568; CIC, cân. 938.

[12] Cf. S. Congregação dos Ritos, Instr. *Eucharisticum Mysterium*, n. 57: AAS 59 (1967), p. 569; CIC, cân. 940.

Adaptações que competem às Conferências dos Bispos

12. Na preparação dos Rituais particulares compete às Conferências Episcopais, em virtude da Constituição sobre a Sagrada Liturgia (n. 63b), adaptar este título do Ritual Romano às necessidades de cada região, para que, depois da aprovação da Santa Sé, seja usado nas respectivas regiões. Nesta matéria compete às Conferências dos Bispos:

a) considerar com cuidado e prudência os possíveis elementos provenientes dos costumes dos povos a serem mantidos ou admitidos, desde que se coadunem com o espírito da Sagrada Liturgia, propondo à aprovação da Sé Apostólica as adaptações que pareçam úteis ou necessárias;

b) preparar a tradução dos textos de modo a adaptálos à índole das várias línguas e culturas, podendo, sobretudo para o canto, acrescentar outros textos com melodias apropriadas.

Capítulo I

A SAGRADA COMUNHÃO FORA DA MISSA

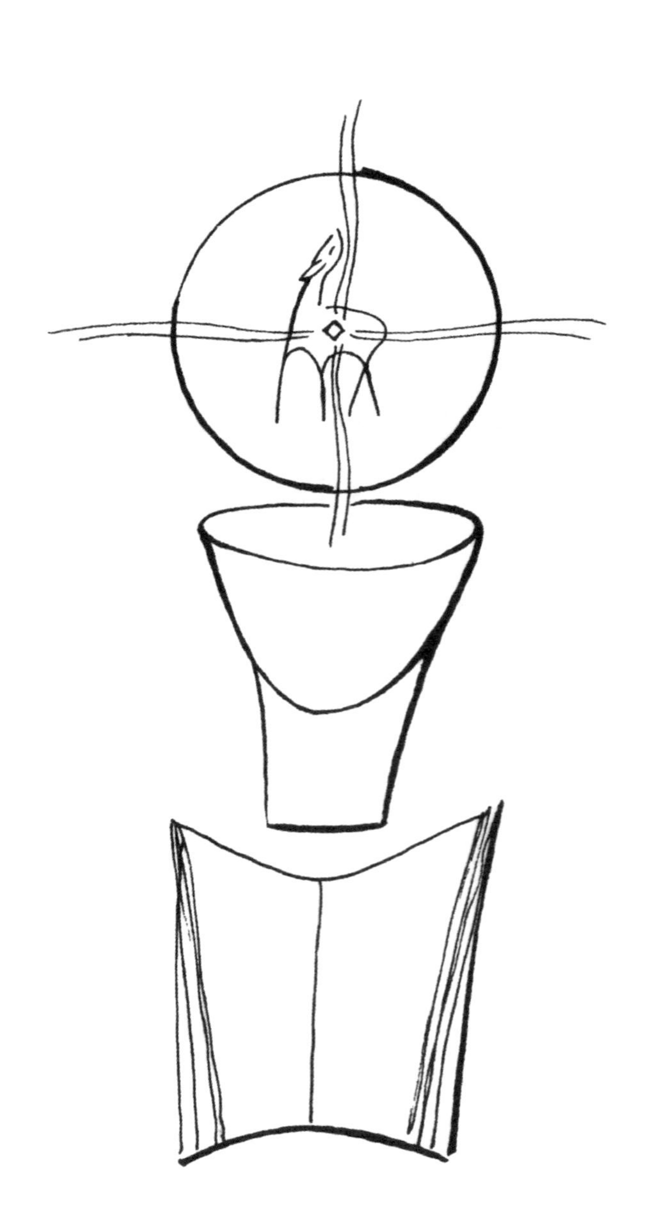

INTRODUÇÃO

Relação entre a Comunhão fora da Missa e o Sacrifício

13. A participação mais perfeita na celebração eucarística consiste na comunhão sacramental recebida durante a Missa. Isto é mais claramente significado quando os fiéis, após a comunhão do sacerdote, recebem do mesmo sacrifício o Corpo do Senhor[1]. Por isso, normalmente, em cada celebração eucarística se consagre pão fresco para a comunhão dos fiéis.

14. Os fiéis sejam levados a comungar na própria celebração eucarística. Contudo, os sacerdotes não se neguem a dar a Sagrada Comunhão fora da Missa aos fiéis que, por justa causa, o pedirem[2].

Convém mesmo àqueles que se acharem impedidos de participar da celebração eucarística da comunidade serem cuidadosamente fortificados pela Eucaristia, de maneira que não só se sintam unidos

[1] Cf. Conc. Vat. II, Const. *Sacrosanctum Concilium*, n. 55.

[2] Cf. S. Congr. dos Ritos, Instr. *Eucharisticum Mysterium*, n. 33a: AAS 59 (1967), pp. 559-560.

ao sacrifício do Senhor, mas também unidos à mesma comunidade e apoiados pela caridade dos irmãos:

Os pastores de almas cuidem que os enfermos e anciãos, ainda que não estejam gravemente doentes ou em perigo de morte, possam facilmente receber com freqüência a Eucaristia, se possível todos os dias, sobretudo no Tempo pascal. Aos que não puderem recebê-la sob a espécie do pão, pode ser administrada apenas sob a espécie do vinho[3].

Os fiéis sejam diligentemente instruídos de que, mesmo recebendo a comunhão fora da Missa, se unem intimamente ao sacrifício em que se perpetua o sacrifício da cruz e que participam do banquete sagrado. Neste, "pela comunhão do Corpo e do Sangue do Senhor, o povo de Deus participa dos bens do Sacrifício pascal, renova a nova aliança entre Deus e os homens selada uma vez para sempre com o sangue de Cristo, e prefigura e antecipa na fé e na esperança o banquete escatológico no reino do Pai, anunciando a morte do Senhor até que venha"[4].

---

[3] Cf. *ibid.*, nn. 40-41: *loc. cit.*, pp. 562-563.

[4] *Ibid.*, n. 3a: *loc. cit.*, pp. 541-542.

Quando se dá a Sagrada Comunhão fora da Missa

16. A Sagrada Comunhão fora da Missa pode ser dada a qualquer dia e hora. Convém, no entanto, que se estabeleça um horário para a Comunhão, de acordo com a utilidade dos fiéis, a fim de que a celebração se faça de modo mais perfeito, com maior proveito espiritual dos fiéis.

Contudo:

a) na Quinta-feira da Semana Santa a Comunhão só pode ser dada aos fiéis na própria Missa, mas a qualquer hora pode ser levada aos doentes;

b) na Sexta-feira Santa a Sagrada Comunhão só se distribui durante a celebração da Paixão do Senhor, mas a qualquer hora poderá ser levada aos doentes que não possam participar da celebração;

c) no Sábado Santo a Sagrada Comunhão só pode ser dada como Viático[5].

[5] Cf. Missal Romano, *Missa vespertina na Ceia do Senhor*; *Celebração da Paixão do Senhor*, n. 3; *Sábado Santo*.

O Ministro da Sagrada Comunhão

17. Cabe em primeiro lugar ao sacerdote e ao diácono administrar a Sagrada Comunhão aos fiéis que o pedirem[6]. Convém, pois, que, segundo a necessidade dos fiéis, dediquem tempo suficiente a este ministério que lhes é próprio.

Compete aos acólitos oficialmente instituídos, distribuir, como ministros extraordinários, a Sagrada Comunhão todas as vezes que não houver presbítero ou diácono ou estiverem impedidos por doença, idade avançada ou exigências do ministério pastoral, ou ainda quando o número de fiéis que se aproximam da sagrada mesa for tão elevado, que possa ocasionar demora excessiva da Missa ou de outra ação litúrgica[7].

O Ordinário do lugar pode dar a outros ministros extraordinários a faculdade de distribuir a Sagrada Comunhão sempre que parecer necessário para o bem espiritual dos fiéis e não estejam presentes o sacerdote, o diácono ou o acólito[8].

[6] Cf. S. Congr. dos Ritos, Instr. *Eucharisticum Mysterium*, n. 31: AAS 59 (1967), pp. 557-558.

[7] Cf. Paulo VI, Carta Apostólica *Ministeria quaedam*, de 15 de agosto de 1972, n. VI: AAS 64 (1972), p. 532.

[8] Cf. S. Congr. para a Disciplina dos Sacramentos, Instr. *Immensae caritatis*, de 29 de janeiro de 1973, 1, I e II.

Onde distribuir a Comunhão fora da Missa

18. O lugar em que normalmente se distribui a Comunhão fora da Missa é a igreja ou oratório onde habitualmente se celebra ou guarda a Eucaristia, ou a igreja, oratório ou outro lugar em que a comunidade local se reúne normalmente aos domingos e outros dias para a assembléia litúrgica. Também em outros lugares, sem excluir as casas particulares, pode ser dada a Sagrada Comunhão quando se trata de doentes, presos e outros que sem perigo ou grave dificuldade não possam sair.

Normas a serem observadas na distribuição da Sagrada Comunhão

19. Quando a Sagrada Comunhão é administrada em igreja ou oratório, ponha-se o corporal sobre o altar coberto com uma toalha; sejam acesas duas velas em sinal de reverência e do caráter festivo do banquete[9]. Use-se a patena.

[9] Cf. Missal Romano, *Instrução geral*, n. 269.

Quando, porém, a Sagrada Comunhão for administrada em outros lugares, prepare-se uma mesa digna coberta com toalha; providenciem-se também as velas.

20. O ministro da Sagrada Comunhão, se for presbítero ou diácono, usará estola, alva ou sobrepeliz sobre a veste talar. Os outros ministros usarão a veste litúrgica eventualmente em uso na região ou uma veste condizente com este ministério, aprovada pelo Ordinário.

A Eucaristia para comunhão fora da igreja seja levada em uma teca ou outro recipiente fechado. A veste e o modo de levá-la estejam de acordo com as circunstâncias do lugar.

21. Na distribuição da Santa Comunhão seja mantido o costume de se colocar a partícula do pão consagrado na língua dos que vão comungar, segundo tradição de vários séculos.

Contudo, as Conferências dos Bispos podem determinar com a devida confirmação da Santa Sé que em sua região a Sagrada Comunhão seja também distribuída colocando-se o pão consagrado nas mãos dos fiéis, contanto que se evitem qualquer falta de reverência ou opiniões errôneas sobre a Santíssima Eucaristia[10].

Além disso, é preciso ensinar aos fiéis que Jesus Cristo é o Senhor e Salvador e que se deve a ele, presente sob as espécies sacramentais, o mesmo culto de latria ou adoração devido a Deus[11].

Em ambos os casos, a Sagrada Comunhão deve ser distribuída pelo ministro competente, que mostra e dá a partícula consagrada ao comungante, dizendo a fórmula "O Corpo de Cristo", a que o fiel responde "Amém".

Quanto à distribuição da Sagrada Comunhão sob a espécie de vinho, observem-se as normas litúrgicas[12].

22. Os fragmentos que restarem após a comunhão sejam respeitosamente recolhidos e depositados na âmbula ou em um recipiente com água.

---

[10] Cf. S. Congr. para o Culto Divino, Instrução *Memoriale Domini*, de 29 de maio de 1969: AAS 61 (1969), pp. 541-555. No Brasil, a distribuição da Comunhão na mão fica a critério do Ordinário do lugar (cf. XIV Assembléia Geral da CNBB, de 1974).

[11] Cf. S. Congr. para a Disciplina dos Sacramentos, Instrução *Immensae caritatis*, de 29 de janeiro de 1973, n. 4.

[12] Cf. Missale Romanum, *Institutio generalis*, n. 242; S. Congr. para o Culto Divino, Instr. *Sacramentali Communione*, n. 6, de 29 de junho de 1970: AAS 62 (1970) pp. 665-666.

Igualmente, se a Comunhão for administrada sob a espécie de vinho, o cálice ou outro recipiente que se tenha usado seja purificado com água.

A água usada para as abluções seja bebida ou derramada em lugar conveniente.

Disposições para receber a Sagrada Comunhão

23. A Eucaristia, que torna incessantemente presente no meio da comunidade humana o mistério pascal de Cristo, constitui a fonte de toda graça e da remissão dos pecados. Mas para receber os efeitos do sacramento pascal, quem comunga o Corpo de Cristo deve aproximar-se dele de consciência pura e com boas disposições.

Por isso, a Igreja ordena que "ninguém se aproxime da Sagrada Eucaristia, tendo consciência de estar em pecado mortal, sem prévia confissão sacramental, por mais que se julgue contrito"[13]. Por isso, se houver motivo grave e não havendo opor-

[13] Cf. Conc. Tridentino, sessão XIII, *Decr. sobre a Eucaristia*, 7: DS 1646-1647; *ibid.*, sessão XIV, *Cânones sobre o Sacramento da Penitência*, 9: DS 1709; S. Congr. para a Doutrina da Fé, *Normae Pastorales circa absolutionem sacramentalem generali modo impertiendam*, de 16 de junho de 1972, proêmio e n. VI: AAS 64 (1972) pp. 510 e 512.

tunidade de confessar, faça antes um ato de contrição perfeita com o propósito de confessar, o mais breve possível, todos os pecados mortais que no momento não pode confessar.

Quem costuma comungar todos os dias ou com freqüência, procure aproximar-se do sacramento da Penitência com certa regularidade, de acordo com sua própria condição.

Além disso, considerem os fiéis a Eucaristia também como remédio que os liberta das faltas cotidianas e preserva dos pecados mortais; saibam melhor valorizar as partes penitenciais da liturgia, sobretudo da Missa[14].

24. Os fiéis, antes de se aproximarem do Sacramento, observem ao menos uma hora de jejum de qualquer comida ou bebida, com exceção de água e de remédio.

Pessoas idosas e pessoas que sofrem de alguma enfermidade bem como as que cuidam delas podem receber a Santíssima Eucaristia, mesmo se tiverem tomado algo no espaço da hora que antecedeu[15].

[14] Cf. S. Congr. dos Ritos, Instr. *Eucharisticum Mysterium*, n. 35: AAS 59 (1967), p. 561.

[15] Cf. CIC, cân. 919 § 1 e § 3.

25. A união com Cristo, objetivo do próprio sacramento, deverá estender-se a toda a vida cristã, de tal forma que os fiéis, contemplando continuamente na fé o dom recebido e guiados pelo Espírito Santo, transformem a vida cotidiana em ação de graças e produzam frutos mais abundantes de caridade.

A fim de permanecerem mais facilmente na sublime ação de graças que se rende a Deus na Missa, recomenda-se que se demorem em oração por algum tempo todos os que se alimentaram da Sagrada Comunhão[16].

[16] Cf. S. Congr. dos Ritos, Instrução *Eucharisticum Mysterium*, n. 38: ASS 59 (1967), p. 562.

RITO DA SAGRADA COMUNHÃO FORA DA MISSA

Rito com uma celebração mais extensa da Palavra de Deus

26. Esta forma será usada principalmente quando não houver celebração da Missa ou quando se distribuir a Sagrada Comunhão em horário preestabelecido, de modo que os fiéis se alimentem também da mesa da Palavra de Deus. Ouvindo a Palavra de Deus, os fiéis reconhecem que as maravilhas de Deus então anunciadas alcançam seu ponto culminante no mistério pascal, cujo memorial se celebra sacramentalmente na Missa e do qual participam pela Comunhão. Além disso, acolhendo a Palavra do Senhor e alimentando-se dela, são conduzidos em ação de graças a uma participação frutuosa nos mistérios da salvação.

Ritos iniciais

27. Reunidos os fiéis e tudo preparado como foi dito (nn. 19-20), o ministro saúda os presentes.

Se for sacerdote ou diácono, diz:

A graça de nosso Senhor Jesus Cristo,
o amor do Pai
e a comunhão do Espírito Santo
estejam convosco.

Todos respondem:

Bendito seja Deus que nos reuniu no amor de Cristo.

Ou:

A graça e a paz de Deus, nosso Pai,
e de Jesus Cristo, nosso Senhor,
estejam convosco.

Todos respondem:

Bendito seja Deus que nos reuniu no amor de Cristo.

Ou:

O Senhor esteja convosco.

Todos respondem:

Ele está no meio de nós.

Se o ministro não for sacerdote ou diácono, saúda os presentes com estas palavras ou outras semelhantes:

Irmãos, bendizei a Deus
que em sua bondade nos (ou: vos) convida
para a mesa do Corpo de Cristo.

Todos respondem:

Bendito seja Deus para sempre.

Podem-se usar também outras palavras da Sagrada Escritura com as quais os fiéis costumam saudar-se.

28. Segue-se o ato penitencial. O ministro convida à penitência os que vão comungar:

Irmãos e irmãs,
reconheçamos os nossos pecados
para participarmos dignamente desta santa celebração.

Após um momento de silêncio, o ministro convida à confissão:

Confessemos os nossos pecados.

E todos prosseguem:

Confesso a Deus todo-poderoso
e a vós, irmãos e irmãs,
que pequei muitas vezes
por pensamentos e palavras,
atos e omissões,

e, batendo no peito, dizem:

por minha culpa, minha tão grande culpa.

Em seguida, continuam:

E peço à Virgem Maria,
aos anjos e santos
e a vós, irmãos e irmãs,
que rogueis por mim a Deus, nosso Senhor.

O ministro conclui:

Deus todo-poderoso tenha compaixão de nós,
perdoe os nossos pecados
e nos conduza à vida eterna.

Todos respondem:

Amém.

Outras fórmulas de Ato Penitencial

O ministro convida os fiéis à penitência:

Irmãos e irmãs,
reconheçamos os nossos pecados,
para participarmos dignamente desta santa celebração.

Após um momento de silêncio, o ministro diz:

Tende compaixão de nós, Senhor.

Todos respondem:

Porque somos pecadores.

O ministro:

Manifestai, Senhor, a vossa misericórdia.

Todos respondem:

E dai-nos a vossa salvação.

E o ministro conclui:

Deus todo-poderoso tenha compaixão de nós,
perdoe os nossos pecados
e nos conduza à vida eterna.

Todos respondem:

Amém.

Ou:

O ministro convida os fiéis à penitência:

Irmãos e irmãs,
reconheçamos os nossos pecados,
para participarmos dignamente desta santa celebração.

Faz-se um momento de silêncio. Em seguida, o ministro ou algum dos presentes propõe as seguintes invocações ou outras semelhantes, com Senhor tende piedade de nós:

Senhor, que pelo vosso mistério pascal
nos obtivestes a salvação,
tende piedade de nós.

Todos:

Senhor, tende piedade de nós.

Ministro:

Cristo, que não cessais de renovar entre nós
as maravilhas da vossa paixão,
tende piedade de nós.

Todos:

Cristo, tende piedade de nós.

Ministro:

Senhor, que pela recepção do vosso Corpo,
nos tornais participantes do sacrifício pascal,
tende piedade de nós.

Todos:

Senhor, tende piedade de nós.

E o ministro conclui:

Deus todo-poderoso tenha compaixão de nós,
perdoe os nossos pecados
e nos conduza à vida eterna.

Todos respondem:

Amém.

Celebração da Palavra de Deus

29. Segue-se a celebração da Palavra como na Missa. As leituras podem ser tomadas da liturgia do dia, das leituras propostas para as Missas votivas da Santíssima Eucaristia ou do Preciosíssimo Sangue de Jesus (cf. Lecionário III) ou das indicadas nos nn. 113-153 deste Ritual. Também podem ser usadas, se parecer oportuno, outras leituras mais apropriadas às circunstâncias, especialmente as da Missa votiva do Sagrado Coração de Jesus, indicadas nos nn. 154-188 deste Ritual.

Pode-se fazer uma ou mais leituras conforme parecer oportuno. Após a primeira leitura, haja um salmo ou outro canto que pode ser substituído por um silêncio sagrado.

A celebração da Palavra termina com a Oração dos fiéis.

Sagrada Comunhão

30. Terminada a Oração dos fiéis, o ministro dirige-se ao lugar onde se conserva a Eucaristia, toma o recipiente ou cibório com o Corpo do Senhor, coloca-o sobre o altar e faz genuflexão. Em seguida, convida à oração do Senhor com estas palavras ou outras semelhantes:

Rezemos com amor e confiança,
a oração que o Senhor nos ensinou:

e todos prosseguem juntos:

Pai nosso que estais nos céus,
santificado seja o vosso nome;
venha a nós o vosso reino,
seja feita a vossa vontade,
assim na terra como no céu;
o pão nosso de cada dia nos dai hoje;
perdoai-nos as nossas ofensas,
assim como nós perdoamos
a quem nos tem ofendido;
e não nos deixeis cair em tentação,
mas livrai-nos do mal.

31. Em seguida, se for oportuno, convida os fiéis com estas palavras ou outras semelhantes:

Irmãos e irmãs,
saudai-vos em Cristo Jesus.

Ou:

Como filhos e filhas do Deus da paz,
saudai-vos com um gesto de comunhão fraterna.

E todos, segundo o costume do lugar, manifestem uns aos outros a paz e a caridade.

32. O ministro faz genuflexão, toma a hóstia e, elevando-a sobre o recipiente ou cibório, diz em voz alta, voltado para os que vão comungar:

Felizes os convidados para a Ceia do Senhor.

Ou:

Quem come minha Carne e bebe meu Sangue
permanece em mim e eu nele.

Eis o Cordeiro de Deus,
que tira o pecado do mundo.

E os que vão comungar acrescentam uma só vez:

Senhor, eu não sou digno(a)
de que entreis em minha morada,
mas dizei uma palavra e serei salvo(a).

33. Se o próprio ministro comungar, reza em silêncio:

Que o Corpo de Cristo me guarde para a vida eterna.

E comunga o Corpo de Cristo.

34. Toma o recipiente ou cibório e, mostrando a hóstia um pouco elevada aos que vão comungar, diz a cada um:

O Corpo de Cristo.

E o que vai comungar responde:

Amém.

E recebe a Comunhão.

35. Durante a distribuição da Comunhão pode-se cantar, se for oportuno, um canto apropriado.

36. Terminada a distribuição da Comunhão, o ministro recolhe no cibório os fragmentos que houver e, se for oportuno, purifica as mãos. Se ainda houver partículas, recoloca o Sacramento no tabernáculo e faz genuflexão.

37. Pode-se guardar durante algum tempo um sagrado silêncio ou entoar um salmo ou canto de louvor.

38. A seguir, o ministro conclui com a oração:

Oremos.

Senhor Jesus Cristo, neste admirável sacramento,
nos deixastes o memorial da vossa paixão.
Dai-nos venerar com tão grande amor
o mistério do vosso Corpo e do vosso Sangue,
que possamos colher continuamente
os frutos da vossa redenção.
Vós que viveis e reinais para sempre.

Todos respondem:

Amém.

Outras orações à escolha:

Ó Deus,
que pelo mistério pascal do vosso Filho unigênito,
levastes à plenitude a obra da salvação
dos seres humanos,
concedei-nos que,
proclamando com fé a morte
e a ressurreição do vosso Filho
nos sinais do sacramento,
sintamos crescer continuamente em nós
a graça da vossa salvação.
Por Cristo, nosso Senhor.

Ou:

Penetrai-nos, ó Deus,
com o vosso Espírito de caridade,
para que vivam unidos no vosso amor,
os que alimentais com o mesmo pão.
Por Cristo, nosso Senhor.

Ou:

Santificai-nos, ó Deus,
pela comunhão à vossa mesa,
para que o Corpo e o Sangue de Cristo
unam todos os irmãos e irmãs.
Por Cristo, nosso Senhor.

Ou:

Alimentados pelo pão espiritual,
nós vos suplicamos, ó Deus,
que pela participação nesta Eucaristia,
nos ensineis a julgar com sabedoria
os valores terrenos,
e colocar nossas esperanças nos bens eternos.
Por Cristo, nosso Senhor.

Ou:

Nós comungamos, Senhor Deus,
no mistério da vossa glória,
e nos empenhamos em render-vos graças,
porque nos concedeis, ainda na terra,
participar das coisas do céu.
Por Cristo, nosso Senhor.

Ou:

Deus todo-poderoso,
que refazeis as nossas forças
pelos vossos sacramentos,
nós vos suplicamos a graça de vos servir
por uma vida que vos agrade.
Por Cristo, nosso Senhor.

Ou:

Ó Deus, vós quisestes que participássemos
do mesmo Pão e do mesmo Cálice;
fazei-nos viver de tal modo unidos em Cristo,
que tenhamos a alegria de produzir muitos frutos
para a salvação do mundo.
Por Cristo, nosso Senhor.

Ou:

Restaurados à vossa mesa pelo Pão da vida,
nós vos pedimos, ó Deus,
que este alimento da caridade
fortifique os nossos corações
e nos leve a vos servir em nossos irmãos e irmãs.
Por Cristo, nosso Senhor.

Ou:

Fortificados por este alimento sagrado,
nós vos damos graças, ó Deus,
e imploramos vossa clemência;
fazei que perseverem
na sinceridade do vosso amor
aqueles que fortalecestes
pela infusão do Espírito Santo.
Por Cristo, nosso Senhor.

Ou:

Alimentados com o mesmo Pão,
nós vos pedimos, ó Deus,
que possamos viver uma vida nova
e perseverar no vosso amor.
Por Cristo, nosso Senhor.

No tempo pascal diz-se uma das seguintes orações:

Ó Deus, derramai em nós
o vosso Espírito de caridade,
para que, saciados pelos sacramentos pascais,
permaneçamos unidos no vosso amor.
Por Cristo, nosso Senhor.

Ou:

Purificados da antiga culpa,
nós vos pedimos, ó Deus,
que a comunhão no Sacramento do vosso Filho
nos transforme em nova criatura.
Por Cristo, nosso Senhor.

Ou:

Deus eterno e todo-poderoso,
que pela ressurreição de Cristo
nos renovais para a vida eterna,
fazei frutificar em nós o Sacramento pascal,
e infundi em nossos corações
a fortaleza deste sacramento salutar.
Por Cristo, nosso Senhor.

Ritos finais

39. O ministro, se for sacerdote ou diácono, abrindo os braços, saúda o povo:

O Senhor esteja convosco.

Todos:

Ele está no meio de nós.
E abençoa o povo dizendo:
Abençoe-vos Deus todo-poderoso,
Pai e Filho ✠ e Espírito Santo.

Todos respondem:

Amém.

Em lugar desta fórmula pode ser usada também a bênção solene com a oração sobre o povo, conforme vem indicado para a bênção no fim da Missa no Missal Romano.

40. Se o ministro não for sacerdote ou diácono, invocando a bênção de Deus, persigna-se, dizendo:

Que o Senhor nos abençoe,
guarde-nos de todo o mal
e nos conduza à vida eterna.

Todos respondem:

Amém.

Ou:

O Senhor todo-poderoso e cheio de misericórdia,
Pai e Filho e Espírito Santo
nos abençoe e nos guarde.

Todos respondem:

Amém.

---

41. Por fim, o ministro diz:

Ide em paz e o Senhor vos acompanhe.

Todos respondem:

Graças a Deus.

Feita a devida reverência, o ministro se retira.

Rito com uma celebração mais breve da palavra de Deus

42. Usa-se esta forma quando as circunstâncias desaconselharem uma celebração mais extensa da Palavra de Deus, sobretudo quando só uma ou duas pessoas forem comungar, por ser difícil neste caso organizar uma verdadeira celebração comunitária.

Ritos iniciais

43. Estando tudo preparado como foi dito (nn. 19-20), o ministro saúda os que vão comungar:

A graça de nosso Senhor Jesus Cristo,
o amor do Pai
e a comunhão do Espírito Santo
estejam convosco.

Todos respondem:

Bendito seja Deus que nos reuniu no amor de Cristo.

Ou:

A graça e a paz de Deus, nosso Pai,
e de Jesus Cristo, nosso Senhor,
estejam convosco.

Todos respondem:

Bendito seja Deus que nos reuniu no amor de Cristo.

Ou:

O Senhor esteja convosco.

Todos respondem:

Ele está no meio de nós.

Se o ministro não for sacerdote ou diácono, saúda os presentes com estas palavras ou outras semelhantes:

Irmãos e irmãs,
bendizei a Deus
que em sua bondade nos (ou: vos) convida
para a mesa do Corpo de Cristo.

Todos respondem:

Bendito seja Deus para sempre.

Podem-se usar também outras palavras da Sagrada Escritura com as quais os fiéis costumam saudar-se.

43a. Segue o ato penitencial.

O ministro convida à penitência os que vão comungar:

Irmãos e irmãs,
reconheçamos os nossos pecados
para participarmos dignamente
desta santa celebração.

Após um momento de silêncio, o ministro convida à confissão:

Confessemos os nossos pecados:

E todos prosseguem:

Confesso a Deus todo-poderoso
e a vós, irmãos e irmãs,
que pequei muitas vezes
por pensamentos e palavras,
atos e omissões,

e, batendo no peito, dizem:

por minha culpa, minha tão grande culpa.

Em seguida, continuam:

E peço à Virgem Maria,
aos anjos e santos
e a vós, irmãos e irmãs,
que rogueis por mim a Deus, nosso Senhor.

O ministro conclui:

Deus todo-poderoso tenha compaixão de nós,
perdoe os nossos pecados
e nos conduza à vida eterna.

Todos respondem:

Amém.

Outras fórmulas de ato penitencial

O ministro convida os fiéis à penitência:

Irmãos e irmãs,
reconheçamos os nossos pecados,
para participarmos dignamente
desta santa celebração.

Após um momento de silêncio, o ministro diz:

Tende compaixão de nós, Senhor.

Todos respondem:

Porque somos pecadores.

O ministro:

Manifestai, Senhor, a vossa misericórdia.

Todos respondem:

E dai-nos a vossa salvação.

E o ministro conclui:

Deus todo-poderoso tenha compaixão de nós,
perdoe os nossos pecados
e nos conduza à vida eterna.

Todos respondem:

Amém.

Ou:

O ministro convida os fiéis à penitência:

Irmãos e irmãs,
reconheçamos os nossos pecados,
para participarmos dignamente desta santa celebração.

Faz-se um momento de silêncio. Em seguida, o ministro ou algum dos presentes propõe as seguintes invocações ou outras semelhantes, como *Senhor tende piedade de nós*:

Senhor, que pelo vosso mistério pascal
nos obtivestes a salvação,
tende piedade de nós.

Todos:

Senhor, tende piedade de nós.

Ministro:

Cristo, que não cessais de renovar entre nós
as maravilhas da vossa paixão,
tende piedade de nós.

Todos:

Cristo, tende piedade de nós.

Ministro:

Senhor, que pela recepção do vosso Corpo,
nos tornais participantes do Sacrifício pascal,
tende piedade de nós.

Todos:

Senhor, tende piedade de nós.

E o ministro conclui:

Deus todo-poderoso tenha compaixão de nós,
perdoe os nossos pecados
e nos conduza à vida eterna.

Todos respondem:

Amém.

Breve leitura da Palavra de Deus

44. Omitida a celebração da Palavra de Deus, um dos presentes ou o próprio ministro lê, se for oportuno, um breve texto da Sagrada Escritura em que se fale do Pão da vida.

Jo 6,54-55

Quem come a minha carne
e bebe o meu sangue
tem a vida eterna,
e eu o ressuscitarei no último dia.
Porque a minha carne é verdadeira comida
e o meu sangue, verdadeira bebida.

Jo 6,54-58

Quem come a minha carne
e bebe o meu sangue
tem a vida eterna,
e eu o ressuscitarei no último dia.
Porque a minha carne é verdadeira comida
e o meu sangue, verdadeira bebida.
Quem come a minha carne
e bebe o meu sangue
permanece em mim e eu nele.

Como o Pai, que vive, me enviou,
e eu vivo por causa do Pai,
assim o que me come
viverá por causa de mim.
Este é o pão que desceu do céu.
Não é como aquele que os vossos pais comeram.
Eles morreram.
Aquele que come este pão
viverá para sempre.

Jo 14,6

Eu sou o Caminho, a Verdade e a Vida.
Ninguém vai ao Pai senão por mim.

Jo 14,23

Se alguém me ama, guardará a minha palavra,
e o meu Pai o amará,
e nós viremos
e faremos nele a nossa morada.

Jo 15,4

Permanecei em mim
e eu permanecerei em vós.
Como o ramo não pode dar fruto por si mesmo,
se não permanecer na videira,
assim também vós não podereis dar fruto,
se não permanecerdes em mim.

1Cor 11,26

Todas as vezes que comerdes deste pão
e beberdes deste cálice,
estareis proclamando a morte do Senhor,
até que ele venha.

Pode-se também escolher outro texto apropriado entre os que se propõem nos nn. 113 e seguintes (p. 133).

Sagrada Comunhão

45. O ministro toma o recipiente ou cibório com o Corpo do Senhor, coloca-o sobre o altar e faz genuflexão. Em seguida, convida à oração do Senhor com estas palavras ou outras semelhantes:

Rezemos com amor e confiança
a oração que o Senhor nos ensinou:

e todos prosseguem juntos:

Pai nosso que estais nos céus,
santificado seja o vosso nome;
venha a nós o vosso reino,
seja feita a vossa vontade,
assim na terra como no céu;
o pão nosso de cada dia nos dai hoje;
perdoai-nos as nossas ofensas,
assim como nós perdoamos
a quem nos tem ofendido;
e não nos deixeis cair em tentação
mas livrai-nos do mal.

46. O ministro faz genuflexão, toma a hóstia e, elevando-a sobre o recipiente ou cibório, diz em voz alta, voltado para os que vão comungar:

Felizes os convidados para a Ceia do Senhor!

Ou:

Provai e vede como o Senhor é bom;
feliz de quem nele encontra seu refúgio.

Eis o Cordeiro de Deus
que tira o pecado do mundo.

E os que vão comungar acrescentam uma só vez:

Senhor, eu não sou digno(a)
de que entreis em minha morada,
mas dizei uma palavra e serei salvo(a).

47. Se o próprio ministro comungar, reza em silêncio:

Que o Corpo de Cristo me guarde
para a vida eterna.

E comunga o Corpo de Cristo.

48. A seguir, toma o recipiente ou cibório e, mostrando a hóstia um pouco elevada aos que vão comungar, diz a cada um:
O Corpo de Cristo.

E o que vai comungar responde:
Amém.

E recebe a Comunhão.

49. Terminada a distribuição da Comunhão, o ministro recolhe ao cibório os fragmentos que houver e se for oportuno, purifica as mãos. Se ainda houver partículas, recoloca o Sacramento no tabernáculo e faz genuflexão. Pode-se guardar durante algum tempo um sagrado silêncio ou entoar um salmo ou canto de louvor.

50. A seguir, o ministro conclui com a oração:

Oremos.

Senhor, Jesus Cristo, neste admirável sacramento
nos deixastes o memorial da vossa paixão.
Dai-nos venerar com tão grande amor
o mistério do vosso Corpo e do vosso Sangue,
que possamos colher continuamente
os frutos da vossa redenção.
Vós que viveis e reinais para sempre.

Todos respondem:

Amém.

Outras orações à escolha:

Ó Deus,
que pelo mistério pascal do vosso Filho unigênito,
levastes à plenitude a obra da salvação
dos seres humanos,
concedei-nos que,
proclamando com fé a morte
e a ressurreição do vosso Filho
nos sinais do sacramento,
sintamos crescer continuamente em nós
a graça da vossa salvação.
Por Cristo, nosso Senhor.

Ou:

Penetrai-nos, ó Deus,
com o vosso Espírito de caridade,
para que vivam unidos no vosso amor,
os que alimentais com o mesmo pão.
Por Cristo, nosso Senhor.

Ou:

Santificai-nos, ó Deus,
pela comunhão à vossa mesa,
para que o Corpo e o Sangue de Cristo
unam todos os irmãos e irmãs.
Por Cristo, nosso Senhor.

Ou:

Alimentados pelo pão espiritual,
nós vos suplicamos, ó Deus,
que pela participação nesta Eucaristia,
nos ensineis a julgar com sabedoria os valores terrenos,
e colocar nossas esperanças nos bens eternos.
Por Cristo, nosso Senhor.

Ou:

Nós comungamos, Senhor Deus,
no mistério da vossa glória,
e nos empenhamos em render-vos graças,
porque nos concedeis, ainda na terra,
participar das coisas do céu.
Por Cristo, nosso Senhor.

Ou:

Deus todo-poderoso, que refazeis as nossas forças pelos vossos sacramentos,
nós vos suplicamos a graça de vos servir por uma vida que vos agrade.
Por Cristo, nosso Senhor.

Ou:

Ó Deus, vós quisestes que participássemos
do mesmo Pão e do mesmo Cálice;
fazei-nos viver de tal modo unidos em Cristo,
que tenhamos a alegria de produzir muitos frutos
para a salvação do mundo.
Por Cristo, nosso Senhor.

Ou:

Restaurados à vossa mesa pelo Pão da vida,
nós vos pedimos, ó Deus,
que este alimento da caridade fortifique os nossos corações
e nos leve a vos servir em nossos irmãos e irmãs.
Por Cristo, nosso Senhor.

Ou:

Fortificados por este alimento sagrado,
nós vos damos graças, ó Deus,
e imploramos vossa clemência;
fazei que perseverem na sinceridade do vosso amor
aqueles que fortalecestes pela infusão do Espírito Santo.
Por Cristo, nosso Senhor.

Ou:

Alimentados com o mesmo Pão,
nós vos pedimos, ó Deus, que possamos viver
uma vida nova e perseverar no vosso amor.
Por Cristo, nosso Senhor.

No tempo pascal, diz-se uma das seguintes orações:

Ó Deus, derramai em nós
o vosso Espírito de caridade,
para que, saciados pelos sacramentos pascais,
permaneçamos unidos no vosso amor.
Por Cristo, nosso Senhor.

Ou:

Purificados da antiga culpa,
nós vos pedimos, ó Deus,
que a comunhão no Sacramento do vosso Filho
nos transforme em nova criatura.
Por Cristo, nosso Senhor.

Ou:

Deus eterno e todo-poderoso,
que pela ressurreição de Cristo
nos renovais para a vida eterna,
fazei frutificar em nós o Sacramento pascal,
e infundi em nossos corações
a fortaleza deste sacramento salutar.
Por Cristo, nosso Senhor.

Ritos finais

51. O ministro, se for sacerdote ou diácono, abrindo os braços, saúda o povo:

O Senhor esteja convosco.

Todos:

Ele está no meio de nós.

E abençoa o povo, dizendo:

Abençoe-vos Deus todo-poderoso,
Pai e Filho ✠ e Espírito Santo.

Todos respondem:

Amém.

---

52. Se o ministro não for sacerdote ou diácono, invocando a bênção de Deus, persigna-se, dizendo:

Que o Senhor nos abençoe,
guarde-nos de todo o mal
e nos conduza à vida eterna.

Ou:

O Senhor todo-poderoso e cheio de misericórdia,
Pai e Filho e Espírito Santo,
nos abençoe e nos guarde.

Todos respondem:

Amém.

53. Por fim o ministro diz:

Ide em paz e o Senhor vos acompanhe.

Todos respondem:

Graças a Deus.

Feita a devida reverência, o ministro se retira.

Capítulo II

A COMUNHÃO E O VIÁTICO ADMINISTRADOS AOS DOENTES

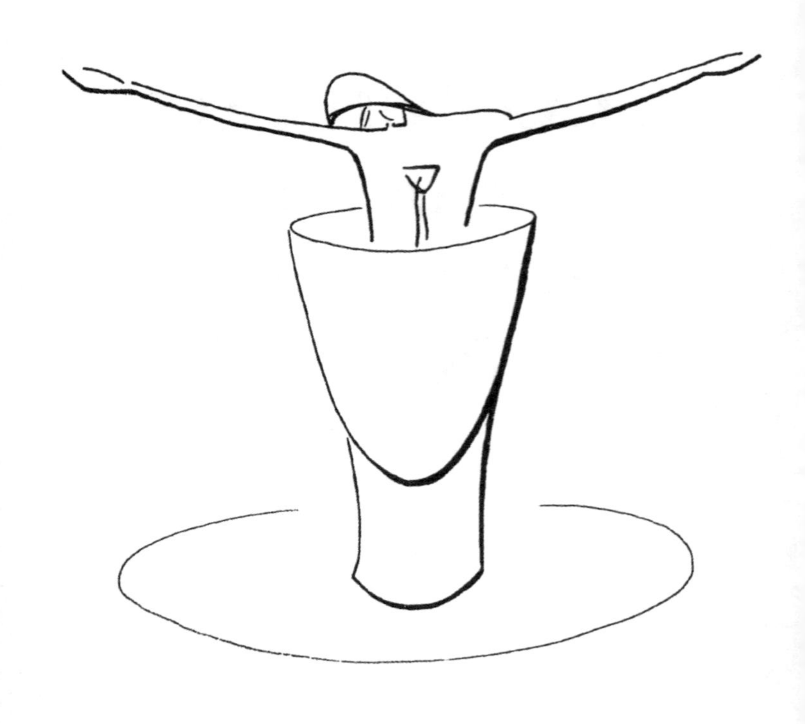

A Comunhão e o Viático administrados aos doentes por Ministro Extraordinário

54. A Sagrada Comunhão e o Viático são ministrados aos doentes por um sacerdote ou diácono, conforme o Rito da Unção dos Enfermos e sua Assistência Pastoral. Quando, porém, a Santíssima Eucaristia for levada aos doentes por um acólito ou ministro extraordinário da Sagrada Comunhão, instituído segundo as normas do direito, observam-se os ritos seguintes.

55. Aos enfermos que não puderem receber a Eucaristia sob a espécie de pão será lícito ministrá-la apenas sob a espécie de vinho.
O Sangue do Senhor seja levado aos enfermos em recipiente fechado que evite todo perigo de derramar-se. Ao se ministrar o Sacramento, escolhe-se em cada caso o modo mais conveniente entre os que são propostos para a distribuição da Comunhão sob as duas espécies. Se, após a Comunhão, restar ainda um pouco do precioso Sangue, seja consumido pelo ministro, que fará também as necessárias abluções.

I. RITO ORDINÁRIO DA COMUNHÃO DOS ENFERMOS

Ritos iniciais

56. O ministro, com veste conveniente a esta função (cf. n. 20), aproxima-se e saúda cordialmente o enfermo e todos os presentes, acrescentando, se for o caso, a seguinte saudação:

A paz esteja nesta casa e com todos
os seus habitantes.

Podem-se usar também outras palavras da Sagrada Escritura, com as quais os fiéis costumam saudar-se.

Em seguida, depondo o Sacramento sobre a mesa, adora-o com todos os presentes.

57. O ministro convida o doente e os demais presentes ao ato penitencial:

Irmãos e irmãs,
reconheçamos os nossos pecados,
para participarmos dignamente
desta santa celebração.

Após um momento de silêncio, o ministro convida à confissão:

Confessemos os nossos pecados:

E todos prosseguem:

Confesso a Deus todo-poderoso
e a vós, irmãos e irmãs,
que pequei muitas vezes
por pensamentos e palavras,
atos e omissões,

e batendo no peito, dizem:

por minha culpa, minha tão grande culpa.

Em seguida, continuam:

E peço à Virgem Maria, aos anjos e santos e a vós, irmãos e irmãs,
que rogueis por mim a Deus, nosso Senhor.

O ministro conclui:

Deus todo-poderoso tenha compaixão de nós,
perdoe os nossos pecados
e nos conduza à vida eterna.

Todos respondem:

Amém.

Outras fórmulas de ato penitencial:

O ministro convida os fiéis à penitência:

Irmãos e irmãs,
reconheçamos os nossos pecados,
para participarmos dignamente desta santa celebração.

Após um momento de silêncio, o ministro diz:

Tende compaixão de nós, Senhor.

Todos respondem:

Porque somos pecadores.

O ministro:

Manifestai, Senhor, a vossa misericórdia.

Todos respondem:

E dai-nos a vossa salvação.

E o ministro conclui:

Deus todo-poderoso tenha compaixão de nós,
perdoe os nossos pecados
e nos conduza à vida eterna.

Todos respondem:

Amém.

Ou:

O ministro convida os fiéis à penitência:

Irmãos e irmãs,
reconheçamos os nossos pecados,
para participarmos dignamente desta santa celebração.

Faz-se um momento de silêncio. Em seguida, o ministro ou algum dos presentes propõe as seguintes invocações ou outras semelhantes, como *Senhor tende piedade de nós*:

Senhor, que pelo vosso mistério pascal
nos obtivestes a salvação,
tende piedade de nós.

Todos:

Senhor, tende piedade de nós.

Ministro:

Cristo, que não cessais de renovar entre nós
as maravilhas da vossa paixão,
tende piedade de nós.

Todos:

Cristo, tende piedade de nós.

Ministro:

Senhor, que pela recepção do vosso Corpo,
nos tornais participantes do Sacrifício pascal,
tende piedade de nós.

Todos:

Senhor, tende piedade de nós.

E o ministro conclui:

Deus todo-poderoso tenha compaixão de nós,
perdoe os nossos pecados
e nos conduza à vida eterna.

Todos.

Amém.

Breve leitura da Palavra de Deus

58. Se for conveniente, poderá ser lido por um dos presentes ou pelo próprio ministro um texto da Escritura, como, por exemplo:

Jo 6,54-55

Quem come a minha carne
e bebe o meu sangue
tem a vida eterna,
e eu o ressuscitarei no último dia.
Porque a minha carne é verdadeira comida
e o meu sangue, verdadeira bebida.

Jo 6,54-58

Quem come a minha carne e bebe o meu sangue
tem a vida eterna,
e eu o ressuscitarei no último dia.
Porque a minha carne é verdadeira comida
e o meu sangue, verdadeira bebida.
Quem come a minha carne e bebe o meu sangue
permanece em mim e eu nele.
Como o Pai, que vive, me enviou,
e eu vivo por causa do Pai,
assim o que me come viverá por causa de mim.
Este é o pão que desceu do céu.
Não é como aquele que os vossos pais comeram.
Eles morreram.
Aquele que come este pão viverá para sempre.

Jo 14,6

Eu sou o Caminho, a Verdade e a Vida.
Ninguém vai ao Pai senão por mim.

Jo 14,23

Se alguém me ama, guardará a minha palavra,
e o meu Pai o amará,
e nós viremos e faremos nele a nossa morada.

Jo 15,4

Permanecei em mim
e eu permanecerei em vós.
Como o ramo não pode dar fruto por si mesmo,
se não permanecer na videira,
assim também vós não podereis dar fruto,
se não permanecerdes em mim.

1Cor 11,26

Todas as vezes que comerdes deste pão
e beberdes deste cálice,
estareis proclamando a morte do Senhor,
até que ele venha.

Pode-se também escolher outro texto apropriado entre os que se propõem nos nn. 113 e seguintes (p. 133).

Sagrada Comunhão

59. O ministro, com estas palavras ou outras semelhantes introduz a oração do Senhor:

Agora, todos juntos, rezemos a Deus, como nosso Senhor Jesus Cristo nos ensinou:

E todos prosseguem juntos:

Pai nosso que estais nos céus,
santificado seja o vosso nome;
venha a nós o vosso reino,
seja feita a vossa vontade,
assim na terra como no céu;
o pão nosso de cada dia nos dai hoje;
perdoai-nos as nossas ofensas,
assim como nós perdoamos
a quem nos tem ofendido;
e não nos deixeis cair em tentação,
mas livrai-nos do mal.

60. O ministro apresenta o Santíssimo Sacramento, dizendo:

Felizes os convidados para a Ceia do Senhor!

Ou:

Provai e vede como o Senhor é bom;
feliz de quem nele encontra seu refúgio.
Eis o Cordeiro de Deus
que tira o pecado do mundo.

O doente e os que forem comungar dizem uma só vez:

Senhor, eu não sou digno(a)
de que entreis em minha morada,
mas dizei uma palavra e serei salvo(a).

61. O ministro aproxima-se do doente, apresenta-lhe o Sacramento e diz:

O Corpo de Cristo (ou: O Sangue de Cristo).

O doente responde:

Amém.

E recebe a Comunhão.

As outras pessoas que vão comungar recebem a Comunhão como de costume.

62. Depois da distribuição da Comunhão, o ministro faz a purificação de costume. Se for conveniente, observe-se o silêncio sagrado por algum tempo.

Em seguida, o ministro conclui com a oração:

Oremos.

Senhor, Pai Santo, Deus todo-poderoso,
nós vos pedimos confiantes
que o sagrado Corpo (o sagrado Sangue)
de vosso Filho, nosso Senhor Jesus Cristo,
seja para nosso irmão (nossa irmã)
remédio de eternidade,
tanto para o corpo como para a alma.
Por Cristo, nosso Senhor.

Todos respondem:

Amém.

Outras orações à escolha:

Ó Deus,
que pelo mistério pascal do vosso Filho unigênito,
levastes à plenitude a obra da salvação
dos seres humanos,
concedei-nos que,
proclamando com fé a morte
e a ressurreição do vosso Filho
nos sinais do sacramento,
sintamos crescer continuamente em nós
a graça da vossa salvação.
Por Cristo, nosso Senhor.

Ou:

Penetrai-nos, ó Deus,
com o vosso Espírito de caridade,
para que vivam unidos no vosso amor,
os que alimentais com o mesmo pão.
Por Cristo, nosso Senhor.

Ou:

Santificai-nos, ó Deus,
pela comunhão à vossa mesa,
para que o Corpo, e o Sangue de Cristo
unam todos os irmãos e irmãs.
Por Cristo, nosso Senhor.

Ou:

Alimentados pelo pão espiritual,
nós vos suplicamos, ó Deus,
que pela participação nesta Eucaristia,
nos ensineis a julgar com sabedoria
os valores terrenos,
e colocar nossas esperanças nos bens eternos.
Por Cristo, nosso Senhor.

Ou:

Nós comungamos, Senhor Deus,
no mistério da vossa glória,
e nos empenhamos em render-vos graças,
porque nos concedeis, ainda na terra,
participar das coisas do céu.
Por Cristo, nosso Senhor.

Ou:

Deus todo-poderoso,
que refazeis as nossas forças
pelos vossos sacramentos,
nós vos suplicamos a graça de vos servir
por uma vida que vos agrade.
Por Cristo, nosso Senhor.

Ou:

Ó Deus, vós quisestes que participássemos
do mesmo Pão e do mesmo Cálice;
fazei-nos viver de tal modo unidos em Cristo,
que tenhamos a alegria de produzir muitos frutos
para a salvação do mundo.
Por Cristo, nosso Senhor.

Ou:

Restaurados à vossa mesa pelo Pão da vida,
nós vos pedimos, ó Deus,
que este alimento da caridade
fortifique os nossos corações
e nos leve a vos servir em nossos irmãos e irmãs.
Por Cristo, nosso Senhor.

Ou:

Fortificados por este alimento sagrado,
nós vos damos graças, ó Deus,
e imploramos vossa clemência;
fazei que perseverem na sinceridade
do vosso amor
aqueles que fortalecestes pela infusão
do Espírito Santo.
Por Cristo, nosso Senhor.

Ou:

Alimentados com o mesmo Pão,
nós vos pedimos, ó Deus,
que possamos viver uma vida nova
e perseverar no vosso amor.
Por Cristo, nosso Senhor.

No tempo pascal, diz-se uma das seguintes orações:

Ó Deus, derramai em nós
o vosso Espírito de caridade,
para que, saciados pelos sacramentos pascais,
permaneçamos unidos no vosso amor.
Por Cristo, nosso Senhor.

Ou:

Purificados da antiga culpa,
nós vos pedimos, ó Deus,
que a comunhão no Sacramento do vosso Filho
nos transforme em nova criatura.
Por Cristo, nosso Senhor.

Ou:

Deus eterno e todo-poderoso,
que pela ressurreição de Cristo
nos renovais para a vida eterna,
fazei frutificar em nós o Sacramento pascal,
e infundi em nossos corações
a fortaleza deste sacramento salutar.
Por Cristo, nosso Senhor.

Ritos finais

63. O ministro, invocando a bênção de Deus, persigna-se, dizendo:

Que o Senhor nos abençoe,
guarde-nos de todo o mal
e nos conduza à vida eterna.

Ou:

O Senhor todo-poderoso e cheio de misericórdia,
Pai e Filho e Espírito Santo,
nos abençoe e nos guarde.

Todos respondem:

Amém.

II. RITO MAIS BREVE DA COMUNHÃO DOS ENFERMOS

64. Usa-se este rito mais breve quando a Sagrada Comunhão é dada a muitos doentes em vários quartos da mesma casa, como, por exemplo, nos hospitais, acrescentando-se, se for conveniente, alguns elementos do rito ordinário.

65. O Rito pode principiar na igreja, na sacristia ou no quarto do primeiro doente, dizendo o ministro a seguinte antífona:

Ó sagrado banquete de que somos os convivas,
no qual recebemos o Cristo em comunhão!
Nele se recorda a sua paixão,
nosso coração se enche de graça
e nos é dado o penhor da glória que há de vir.

Outras antífonas à escolha:

Quão suave, Senhor, é a ternura
que para com teus filhos demonstraste:
do céu nos deste um pão que é só doçura,
e alimento do pobre te tornaste!

Ou:

Salve, ó corpo verdadeiro,
que da Virgem Mãe nasceste,
e, salvando o mundo inteiro,
sobre a cruz te ofereceste.

Do teu lado, transpassado,
sangue e água derramaste;
sejas na morte provado
por aqueles que salvaste!

Jesus, fonte de alegria,
alimento da unidade;
Jesus, filho de Maria,
Salvador da humanidade!

Ou:

Sou o pão que traz a vida,
que por vós desceu dos céus:
vive sempre quem se nutre
deste pão, corpo de Deus.

Dou ao mundo a minha carne,
que da morte triunfou;
dou aos homens o meu sangue,
que aos escravos libertou.

66. O ministro, se possível acompanhado por uma pessoa que leva uma vela, aproxima-se dos doentes e diz uma só vez a todos que estejam no mesmo aposento ou a cada comungante:

Felizes os convidados para a Ceia do Senhor!
Eis o Cordeiro de Deus,
que tira o pecado do mundo.

Cada comungante acrescenta uma só vez:

Senhor, eu não sou digno(a)
de que entreis em minha morada,
mas dizei uma palavra e serei salvo(a).

E recebe a Comunhão como de costume.

67. O rito termina com a oração que pode ser recitada na igreja, na sacristia ou no último quarto.

Oremos.
Senhor, Pai Santo, Deus todo-poderoso,
nós vos pedimos confiantes
que o sagrado Corpo (o sagrado Sangue)
de vosso Filho, nosso Senhor Jesus Cristo,
seja para nosso irmão (nossa irmã) remédio de eternidade,
tanto para o corpo como para a alma.
Por Cristo, nosso Senhor.

Os presentes respondem:

Amém.

III. O VIÁTICO

Ritos iniciais

68. O ministro, revestido com veste conveniente a esta função (cf. n. 20), aproxima-se e saúda cordialmente o enfermo e todos os presentes, acrescentando, se for o caso, a seguinte saudação:

A paz esteja nesta casa e com todos
os seus habitantes.

Podem-se usar também outras palavras da Sagrada Escritura com as quais os fiéis costumam saudar-se.

Em seguida, depondo o Sacramento sobre a mesa, adora-o com todos os presentes.

69. Dirige, então, aos presentes esta exortação ou outra mais adaptada às condições do doente:

Caros irmãos e irmãs:
Nosso Senhor Jesus Cristo,
antes de passar deste mundo para o Pai,
deixou-nos o sacramento do seu Corpo
e do seu Sangue,
para que, na hora da nossa passagem
desta vida para ele,

fortificados por esse alimento da última viagem,
nos encontrássemos munidos com o penhor
da ressurreição.
Unidos pela caridade ao nosso irmão
(à nossa irmã), rezemos por ele(a).

E todos rezam por algum tempo em silêncio.

70. O ministro convida o enfermo e os demais presentes ao ato penitencial:

Irmãos e irmãs,
reconheçamos os nossos pecados,
para participarmos dignamente
desta santa celebração.

Após uma pausa silenciosa, o ministro convida à confissão:

Confessemos os nossos pecados:

E todos prosseguem:

Confesso a Deus todo-poderoso
e a vós, irmãos e irmãs,
que pequei muitas vezes
por pensamentos e palavras,
atos e omissões,

e, batendo no peito, dizem:

por minha culpa, minha tão grande culpa.

Em seguida, continuam:

E peço à Virgem Maria,
aos anjos e santos e a vós, irmãos e irmãs,
que rogueis por mim a Deus, nosso Senhor.

O ministro conclui:

Deus todo-poderoso tenha compaixão de nós,
perdoe os nossos pecados
e nos conduza à vida eterna.

Todos respondem:

Amém.

Outras fórmulas penitenciais à escolha:

O ministro convida os fiéis à penitência:

Irmãos e irmãs,
reconheçamos os nossos pecados,
para participarmos dignamente
desta santa celebração.

Após um momento de silêncio, o ministro diz:

Tende compaixão de nós, Senhor.

Todos respondem:

Porque somos pecadores.

O ministro:

Manifestai, Senhor, a vossa misericórdia.

Todos respondem:

E dai-nos a vossa salvação.

E o ministro conclui:

Deus todo-poderoso tenha compaixão de nós,
perdoe os nossos pecados
e nos conduza à vida eterna.

Todos respondem:

Amém.

Ou:

O ministro convida os fiéis à penitência:

Irmãos e irmãs,
reconheçamos os nossos pecados, para participarmos dignamente desta santa celebração.

Faz-se um momento de silêncio. Em seguida, o ministro ou algum dos presentes propõe as seguintes invocações ou outras semelhantes, como *Senhor tende piedade de nós*:

Senhor, que pelo vosso mistério pascal
nos obtivestes a salvação,
tende piedade de nós.

Todos:

Senhor, tende piedade de nós.

Ministro:

Cristo, que não cessais de renovar entre nós
as maravilhas da vossa paixão,
tende piedade de nós.

Todos:

Cristo, tende piedade de nós.

Ministro:

Senhor, que pela recepção do vosso Corpo,
nos tornais participantes do Sacrifício pascal,
tende piedade de nós.

Todos:

Senhor, tende piedade de nós.

O ministro conclui:

Deus todo-poderoso tenha compaixão de nós,
perdoe os nossos pecados
e nos conduza à vida eterna.

Todos respondem:

Amém.

Breve leitura da Palavra de Deus

71. Será muito oportuno que um dos presentes ou o próprio ministro leia um breve texto da Sagrada Escritura, por exemplo:

Jo 6,54-55

Quem come a minha carne
e bebe o meu sangue
tem a vida eterna,
e eu o ressuscitarei no último dia.
Porque a minha carne é verdadeira comida
e o meu sangue, verdadeira bebida.

Jo 6,54-58

Quem come a minha carne
e bebe o meu sangue
tem a vida eterna,
e eu o ressuscitarei no último dia.
Porque a minha carne é verdadeira comida
e o meu sangue, verdadeira bebida.
Quem come a minha carne
e bebe o meu sangue
permanece em mim e eu nele.
Como o Pai, que vive, me enviou,
e eu vivo por causa do Pai,
assim o que me come
viverá por causa de mim.

Este é o pão que desceu do céu.
Não é como aquele que os vossos pais comeram.
Eles morreram.
Aquele que come este pão
viverá para sempre".

Jo 14,6

Eu sou o Caminho, a Verdade e a Vida.
Ninguém vai ao Pai senão por mim.

Jo 14,23

Se alguém me ama, guardará a minha palavra,
e o meu Pai o amará,
e nós viremos
e faremos nele a nossa morada.

Jo 14,27

Deixo-vos a paz,
a minha paz vos dou;
mas não a dou como o mundo.
Não se perturbe nem se intimide o vosso coração.

Jo 15,4

Permanecei em mim
e eu permanecerei em vós.
Como o ramo não pode dar fruto por si mesmo,
se não permanecer na videira,
assim também vós não podereis dar fruto,
se não permanecerdes em mim.

Jo 15,5

Eu sou a videira e vós os ramos.
Aquele que permaneceu em mim, e eu nele,
esse produz muito fruto;
porque sem mim nada podeis fazer.

1Cor 11,26

Todas as vezes que comerdes deste pão
e beberdes deste cálice,
estareis proclamando a morte do Senhor,
até que ele venha.

1Jo 4,16

Também nós conhecemos o amor
que Deus tem para conosco,
e acreditamos nele.
Deus é amor:
quem permanece no amor,
permanece com Deus,
e Deus permanece com ele.

Pode-se ainda escolher outro texto apropriado entre os que são propostos no Rito da Unção dos Enfermos e sua Assistência Pastoral (nn. 241 e seguintes ou nn. 153 e seguintes).

Profissão de fé batismal

72. Convém que o enfermo, antes de receber o Viático, renove a profissão de fé batismal. Portanto, o ministro, após breve introdução com palavras adequadas, interroga:

Crês em Deus Pai todo-poderoso, criador do céu e da terra?

R. Creio.

Crês em Jesus Cristo, seu único Filho,
nosso Senhor,
que nasceu da Virgem Maria,
padeceu e foi sepultado,
ressuscitou dos mortos e subiu ao céu?

R. Creio.

Crês no Espírito Santo,
na santa Igreja católica,
na comunhão dos santos,
na remissão dos pecados,
na ressurreição dos mortos
e na vida eterna?

R. Creio.

Preces pelo enfermo

73. Em seguida, se as condições do enfermo o permitirem, faz-se uma breve súplica, com estas palavras ou outras semelhantes, a que o doente responderá, quanto possível, com todos os presentes:

Caros irmãos e irmãs,
invoquemos num só coração
nosso Senhor Jesus Cristo:

– Senhor, que nos amastes até o fim,
e vos entregastes à morte para nos dar a vida,
nós vos rogamos por nosso(a) irmão (ã) N.

R. Senhor, escutai a nossa prece.

– Senhor, que dissestes:
Quem come a minha Carne
e bebe o meu Sangue possui a vida eterna,
nós vos rogamos por nosso(a) irmão(ã) N.

R. Senhor, escutai a nossa prece.

– Senhor, que nos convidais ao banquete
onde não haverá mais dor nem pranto
nem tristeza nem separação,
nós vos rogamos por nosso(a) irmão(ã) N.

R. Senhor, escutai a nossa prece.

Viático

74. O ministro com estas palavras ou outras semelhantes introduz a oração do Senhor:

Agora, todos juntos, roguemos a Deus,
como nosso Senhor Jesus Cristo nos ensinou:

E todos prosseguem juntos:

Pai nosso que estais nos céus,
santificado seja o vosso nome;
venha a nós o vosso reino,
seja feita a vossa vontade,
assim na terra como no céu;
o pão nosso de cada dia nos dai hoje;
perdoai-nos as nossas ofensas,
assim como nós perdoamos
a quem nos tem ofendido;
e não nos deixeis cair em tentação,
mas livrai-nos do mal.

75. O ministro apresenta o Santíssimo Sacramento, dizendo:

Felizes os convidados para a ceia do Senhor!
Eis o Cordeiro de Deus,
que tira o pecado do mundo.

O doente, se puder, e os outros que forem comungar, dizem:

Senhor, eu não sou digno(a)
de que entreis em minha morada,
mas dizei uma palavra e serei salvo(a).

76. O ministro aproxima-se do doente, apresenta-lhe o Sacramento e diz:

O Corpo de Cristo (ou: o Sangue de Cristo).

O doente responde:

Amém.

E, imediatamente ou depois de ter dado a Comunhão, o ministro acrescenta:

Que ele te guarde e te conduza à vida eterna!

O doente responde:

Amém.

Aos presentes que desejam comungar será dada a Comunhão como de costume.

77. Terminada a distribuição da Comunhão, o ministro faz a purificação de costume. Se for conveniente, observe-se por algum tempo o silêncio sagrado.

Ritos finais

78. A seguir, o ministro conclui com a oração:

Oremos.

Ó Deus, em vosso Filho temos o caminho,
a verdade e a vida; olhai com bondade
o(a) vosso(a) servo(a) N. e fazei que,
confiando em vossas promessas e renovado(a)
pelo Corpo e o Sangue do vosso Filho,
caminhe em paz para o vosso reino.
Por Cristo, nosso Senhor.

Todos respondem:

Amém.

Outra oração à escolha:

Ó Deus, salvação dos que crêem em vós,
concedei que o(a) vosso(a) filho(a) N.,
confortado(a) pelo Pão e o Vinho celestes,
possa chegar ao reino da luz e da vida.
Por Cristo, nosso Senhor.

Em seguida, o ministro diz:

Que Deus esteja sempre contigo,
te proteja com seu poder e te guarde em paz.

Por fim, o ministro e os demais presentes podem saudar o enfermo desejando-lhe a paz.

Capítulo III

AS DIVERSAS FORMAS DE CULTO À SANTÍSSIMA EUCARISTIA

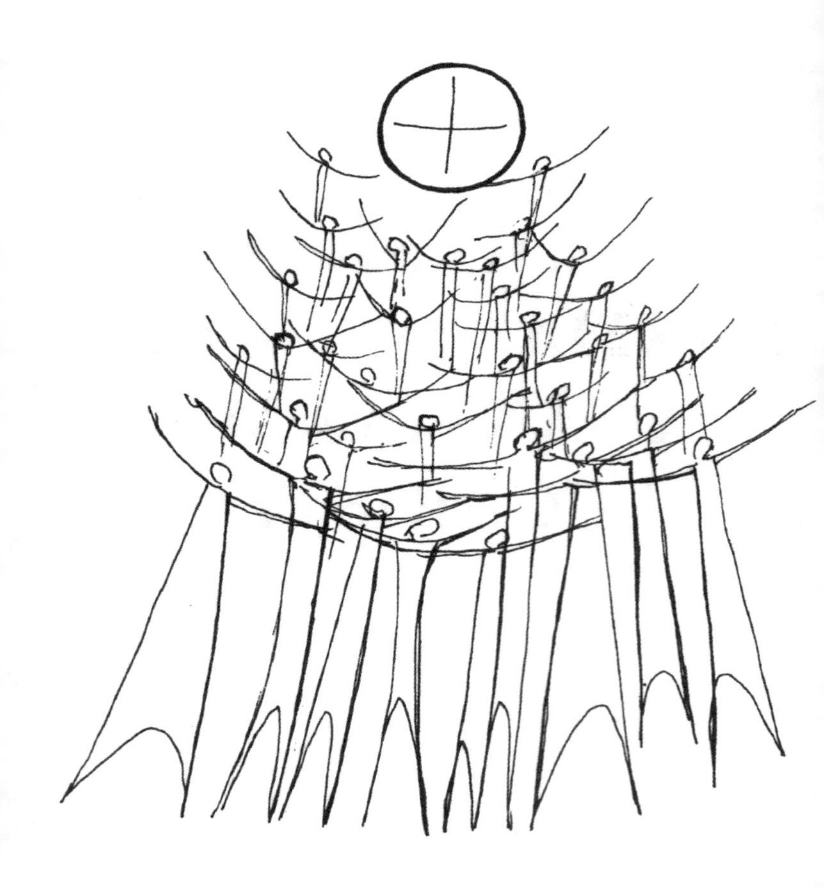

79. Sendo o Sacrifício Eucarístico fonte e ápice de toda a vida cristã, recomenda-se encarecidamente tanto a devoção particular como o culto público à Santíssima Eucaristia, mesmo fora da missa, em conformidade com as normas estabelecidas pela autoridade competente. Na organização destes piedosos e sacros exercícios, tenham-se em conta os tempos litúrgicos, de modo que se harmonizem com a Sagrada Liturgia, nela se inspirem e para ela encaminhem o povo[1].

80. Os fiéis, ao cultuarem o Cristo presente no Sacramento, lembrem-se de que esta presença decorre do Sacrifício e tende à Comunhão sacramental e espiritual.

Assim, a piedade que leva os fiéis à adoração da Santíssima Eucaristia move-os também a participar radicalmente do mistério pascal e corresponder agradecidos ao dom daquele que, por sua humanidade, infunde sem cessar a vida divina nos membros de seu Corpo. Permanecendo diante do Cristo Senhor, gozam da íntima familiaridade com ele, e abrem-lhe o coração, pedindo por si mesmos e por todos os seus e orando pela paz e a salvação do

---

[1] Cf. S. Congr. dos Ritos, Instrução *Eucharisticum Mysterium*, n. 58: ASS 59 (1967), p. 569.

mundo. Oferecendo com Cristo toda a sua vida ao Pai no Espírito Santo, haurem deste diálogo admirável um aumento de fé, de esperança e de caridade. Alimentam assim disposições que os levam a celebrar com a devida devoção o memorial do Senhor e a receber com freqüência o pão que nos foi dado pelo Pai.

Esforcem-se os fiéis, segundo suas condições de vida, a cultuarem o Cristo Senhor no Sacramento. Os pastores os conduzam a isso com o exemplo e os exortem com as palavras[2].

81. Lembrem-se, além disso, que pela oração diante do Cristo Senhor presente na Eucaristia, prolongam a união obtida ao comungar e renovam a aliança que os impele a viver de acordo com o que receberam pela fé e pelo Sacramento na celebração da Eucaristia. Procurem, pois, viver com gratidão toda a sua vida na força do alimento celeste, participando na morte e na ressurreição do Senhor. E assim sejam todos solícitos em praticar boas obras e agradar a Deus, propondo-se impregnar o mundo de espírito cristão e transformar-se em testemunhas de Cristo em tudo, no meio da comunidade humana[3].

[2] Cf. *ibid.*, n. 50: *loc. cit.*, p. 567.

[3] Cf. *ibid.*, n. 13: *loc. cit.*, p. 549.

I. A EXPOSIÇÃO DA SANTÍSSIMA EUCARISTIA

INTRODUÇÃO

Relação entre a Exposição e a Missa

82. A exposição da Santíssima Eucaristia, seja com o cibório ou ostensório, leva a reconhecer nela a admirável presença de Cristo e convida à íntima união com ele, união que alcança o seu ápice na Comunhão sacramental. Por isso, a exposição é excelente meio de favorecer o culto em espírito e verdade devido à Eucaristia.

Deve-se cuidar que nas exposições transpareça claramente a relação do culto do Santíssimo Sacramento com a Missa. Evite-se na exposição todo aparato que de qualquer modo possa contrariar o desejo de Cristo ao instituir a Santíssima Eucaristia sobretudo para nos servir de alimento, remédio e conforto[4].

---

[4] Cf. *ibid.*, n. 60: *loc. cit.*, p. 570.

83. Durante a exposição do Santíssimo Sacramento proíbe-se a celebração da Missa no mesmo recinto da igreja ou oratório.

Pois, além das razões apresentadas no n. 6, na celebração do mistério eucarístico realiza-se de modo mais perfeito a comunhão interior visada pela exposição.

Se a exposição se estender por um ou mais dias, deverá ser suspensa durante a celebração da Missa, a não ser que seja celebrada em capela separada da nave onde se faz a exposição, e ao menos alguns fiéis permaneçam em adoração[5].

[5] Cf. *ibid.*, n. 61: *loc. cit.*, pp. 570-571.

Normas para a Exposição

84. Diante do Santíssimo Sacramento, faz-se genuflexão simples, quer esteja no tabernáculo quer exposto para a adoração pública.

85. Na exposição do Santíssimo Sacramento com ostensório, acendem-se quatro ou seis velas, isto é, como se usa na Missa. Usa-se também incenso. Na exposição com cibório haja ao menos duas velas e pode-se usar incenso.

Exposição prolongada

86. Nas igrejas e oratórios em que se conserva a Eucaristia, recomenda-se realizar cada ano uma exposição solene do Santíssimo Sacramento que se prolongue por algum tempo, embora não rigorosamente contínua, a fim de que a comunidade local possa meditar sobre este mistério e adorá-lo de modo mais profundo.

Tal exposição, no entanto, só se fará prevendo-se conveniente assistência de fiéis[6].

---

[6] Cf. *ibid.*, n. 63: *loc. cit.*, p. 571.

87. Em caso de necessidade grave e geral, o Ordinário do lugar pode determinar que se promovam nas igrejas de maior freqüência preces mais prolongadas diante do Santíssimo Sacramento exposto[7].

88. Onde por falta de número conveniente de adoradores não se puder realizar uma exposição ininterrupta, pode-se repor o Santíssimo Sacramento no tabernáculo em horário previamente divulgado, não porém mais de duas vezes ao dia, por exemplo, ao meio-dia e à noite.

Esta reposição pode ser feita de modo mais simples: o sacerdote ou diácono, revestido de alva ou sobrepeliz sobre a veste talar e com estola, repõe o Santíssimo Sacramento no tabernáculo após breve adoração e uma prece com os fiéis. Do mesmo modo, faz-se novamente a exposição na hora determinada[8].

[7] Cf. *ibid.*, n. 64: *loc. cit.*, p. 572.
[8] Cf. *ibid.*, n. 65: *loc. cit.*, p. 572.

Exposição breve

89. Também as exposições breves do Santíssimo Sacramento sejam organizadas de tal modo que, antes da bênção com o Santíssimo Sacramento, se dedique tempo conveniente à leitura da Palavra de Deus, a cantos, preces e à oração silenciosa prolongada por algum tempo.

Proíbe-se a exposição feita unicamente para dar a bênção[9].

A adoração nas comunidades religiosas

90. Às comunidades religiosas e outras pias associações que pelas Constituições ou Normas de seu Instituto se dedicam à adoração Eucarística perpétua ou prolongada por mais tempo, pede-se encarecidamente que adaptem este piedoso costume ao espírito da Liturgia. A adoração diante do Cristo Senhor se faça com participação de toda a comunidade, por meio de leituras da Sagrada Escritura, canto e sagrado silêncio, para que se alimente com mais eficácia a vida espiritual de toda a comunidade.

[9] Cf. *ibid.*, n. 66: *loc. cit.*, p. 572.

Desse modo se promoverá entre os seus membros o espírito de unidade e fraternidade de que a Eucaristia é o símbolo e a fonte, realizando-se de forma mais excelente o culto devido ao Sacramento.

É muito recomendável que se conserve a forma de adoração em que os membros da comunidade se sucedem um a um, ou dois a dois. Dessa forma, segundo a tradição do Instituto, aprovada pela Igreja, adoram e suplicam ao Cristo Senhor no Sacramento, em nome de toda a comunidade e da Igreja.

O Ministro da Exposição da Santíssima Eucaristia

91. O ministro ordinário da exposição do Santíssimo Sacramento é o sacerdote ou o diácono que, no fim da adoração, antes de repor o Sacramento, abençoa com ele o povo.

Na ausência do sacerdote e do diácono, ou estando legitimamente impedidos, poderão expor publicamente a Santíssima Eucaristia para a adoração dos fiéis e depois repô-la o acólito e outro ministro extraordinário da Sagrada Comunhão ou outra pessoa designada pelo Ordinário do lugar.

Todos estes poderão fazer a exposição abrindo o tabernáculo, ou também, se for oportuno, colocando o cibório sobre o altar ou a hóstia no ostensório. No fim da adoração repõem o Sacramento no tabernáculo. Não lhes é permitido, porém, dar a bênção com o Santíssimo Sacramento.

92. O ministro, se for sacerdote ou diácono, vestirá alva ou sobrepeliz sobre a veste talar com estola de cor branca.

Os outros ministros usarão a veste litúrgica eventualmente em uso na região, ou uma veste condizente com este ministério e aprovada pelo Ordinário.

Para a bênção no fim da adoração, quando a exposição for com ostensório, o sacerdote e o diácono usarão também capa e o véu umeral de cor branca; se a exposição for com cibório, usarão só o véu umeral.

O RITO DA EXPOSIÇÃO E BÊNÇÃO EUCARÍSTICA

Exposição

93. Reunido o povo, o ministro aproxima-se do altar, ao som de um canto, se for oportuno. Se o Sacramento não se encontrar no altar da exposição, o ministro, de véu umeral, vai buscá-lo, no lugar onde é conservado.

O cibório ou ostensório é colocado sobre a mesa do altar coberta com toalha. Se a exposição for mais prolongada e com ostensório, pode-se usar um trono em lugar bem destacado; cuide-se, porém, que não esteja demasiado alto e distante[10]. Feita a exposição, se for com ostensório, o ministro incensa o Sacramento. Se a adoração se prolongar por mais tempo, o ministro pode retirar-se.

94. Se a exposição for mais solene e prolongada, a hóstia seja consagrada na Missa que precede imediatamente a exposição e colocada no ostensório sobre o altar depois da Comunhão. A Missa terminará

[10] Cf. S. Congr. dos Ritos, Instrução *Eucharisticum Mysterium*, n. 62: ASS 59 (1967), p. 571.

com a Oração depois da comunhão, omitindo-se os ritos finais. Antes de se retirar, o sacerdote coloca o sacramento sobre o trono, se for o caso, e o incensa.

Adoração

95. Durante a exposição, as orações, cantos e leituras devem ser organizados de tal modo que os fiéis, recolhidos em fervorosa oração, se dediquem ao Cristo Senhor.

Para favorecer a oração interior usar-se-ão leituras da Sagrada Escritura com homilia ou breves exortações que despertem maior estima pelo mistério eucarístico. Convém ainda que os fiéis respondam à Palavra de Deus por meio do canto. É conveniente que em momentos apropriados se guarde um silêncio sagrado.

96. Durante a exposição mais prolongada do Santíssimo Sacramento, pode celebrar-se também alguma parte da Liturgia das Horas, sobretudo as Horas principais; na verdade, por ela os louvores e as ações de graças tributados a Deus na celebração da Eucaristia estendem-se às diversas horas do dia, e as preces da Igreja se dirigem a Cristo e por Cristo ao Pai em nome de toda a humanidade.

Bênção

97. Ao término da adoração, o sacerdote ou diácono aproxima-se do altar, faz genuflexão e se ajoelha; entoa-se um hino ou outro canto eucarístico[11]. Enquanto isso, o ministro, de joelhos, incensa o Santíssimo Sacramento quando a exposição for com ostensório.

98. Em seguida, pondo-se de pé, diz:

Oremos.

Após uma pausa silenciosa, o ministro prossegue:

Senhor Jesus Cristo, neste admirável Sacramento,
nos deixastes o memorial da vossa paixão.
Dai-nos venerar com tão grande amor
o mistério do vosso Corpo e do vosso Sangue,
que possamos colher continuamente
os frutos da vossa redenção.
Vós que viveis e reinais para sempre.

Todos respondem:

Amém.

[11] Cf. adiante, nn. 192-199.

Outras orações à escolha:

Senhor nosso Deus,
concedei-nos haurir a salvação eterna
desta divina fonte,
pois cremos e professamos que Jesus Cristo,
nascido da Virgem Maria
e morto por nós na cruz,
está realmente presente
no sacramento da Eucaristia.
Por Cristo, nosso Senhor.

Ou:

Senhor nosso Deus,
concedei-nos celebrar os louvores
do Cordeiro por nós imolado,
presente sob os véus do sacramento,
para que mereçamos contemplá-lo
quando se manifestar em sua glória.
Por Cristo, nosso Senhor.

Ou:

Ó Deus, que nos destes o verdadeiro pão do céu,
concedei-nos que,
pela força deste alimento espiritual,
vivamos sempre em vós
e ressuscitemos gloriosos no último dia.
Por Cristo, nosso Senhor.

Ou:

Iluminai, ó Deus,
os nossos corações com a luz da fé
e acendei neles o fogo do vosso amor,
para que em espírito e verdade
adoremos a Jesus Cristo,
a quem reconhecemos como Deus e Senhor
neste admirável sacramento.
Por Cristo, nosso Senhor.

Ou:

Ó Deus de bondade,
que vos dignais renovar-nos pelos sacramentos,
enchei os nossos corações com a doçura
do vosso amor
e fazei-nos aspirar
às inefáveis riquezas do vosso Reino.
Por Cristo, nosso Senhor.

Ou:

Ó Deus, que pelo mistério pascal do Cristo,
remistes todos os seres humanos,
conservai em nós a obra do vosso amor,
para que, comemorando o mistério da nossa
salvação, mereçamos participar dos seus frutos.
Por Cristo, nosso Senhor.

99. Terminada a oração, o sacerdote ou o diácono, de véu umeral, faz genuflexão, toma o ostensório ou cibório e com ele traça, em silêncio, o sinal da cruz sobre o povo.

Reposição

100. Dada a bênção, o próprio sacerdote ou diácono que deu a bênção, ou outro sacerdote ou diácono repõe o Sacramento no tabernáculo, faz genuflexão enquanto o povo, se for oportuno, profere alguma aclamação; por fim, se retira.

II. PROCISSÕES EUCARÍSTICAS

101. O povo cristão dá um testemunho público de fé e piedade para com o Santíssimo Sacramento nas procissões em que a Eucaristia é levada pelas ruas em rito solene com canto.

Contudo, cabe ao Bispo diocesano julgar sobre a oportunidade de tais procissões nos tempos atuais e também sobre o lugar e a organização para que sejam realizadas com dignidade e sem prejuízo da reverência devida ao Santíssimo Sacramento[12].

102. Entre as procissões eucarísticas adquire importância e significado especiais na vida pastoral da paróquia ou da cidade a que costuma ser realizada cada ano na solenidade do Corpo e do Sangue de Cristo ou outro dia mais apropriado perto desta solenidade. Convém pois, que, onde as circunstâncias dos tempos atuais o permitirem e onde puder ser realmente um sinal de fé e adoração da comunidade, esta procissão seja mantida, segundo a determinação do direito.

Se a cidade for muito grande e a necessidade pastoral o aconselhar, será lícito, a critério do Bispo

[12] Cf. S. Congr. dos Ritos, Instr. *Eucharisticum Mysterium*, n. 59: ASS 59 (1967), p. 570.

diocesano, promover outras procissões nos pontos principais da cidade. Onde não se puder fazer a procissão na solenidade do Corpo e do Sangue de Cristo, convém que haja outra celebração pública para toda a cidade, ou seus principais setores, na igreja catedral ou outros lugares mais adequados.

103. Convém que a procissão com o Santíssimo Sacramento se realize após a Missa na qual se consagrará a hóstia a ser levada na procissão. Nada impede que a procissão seja feita também após uma adoração pública e prolongada depois da Missa.

104. As procissões eucarísticas sejam organizadas segundo os costumes dos lugares, no que se refere à ornamentação das praças e ruas e no que diz respeito à ordem dos que delas participam. Durante o trajeto, se for costume e o bem pastoral o aconselhar, pode haver estações, inclusive com bênção eucarística. Os cantos e as orações deverão contribuir para que todos manifestem sua fé em Cristo, atentos somente ao Senhor.

105. O sacerdote que conduz o Sacramento, se a procissão se realizar logo após a Missa, pode manter os paramentos usados na celebração da Missa ou revestir-se da capa de cor branca; se a procissão não for logo após a Missa, use capa.

106. Sejam usados, segundo os costumes dos lugares, tochas, incenso e pálio sob o qual caminha o sacerdote que transporta o Sacramento.

107. É conveniente que a procissão se dirija de uma igreja a outra. Contudo, se as circunstâncias dos lugares o aconselharem, pode voltar à igreja de onde partiu.

108. No final da procissão se dará a bênção com o Santíssimo Sacramento na igreja ou outro lugar mais apropriado; em seguida, se repõe o Santíssimo Sacramento.

III. CONGRESSOS EUCARÍSTICOS

109. Os congressos eucarísticos, introduzidos em época mais recente como peculiar manifestação do culto eucarístico na vida da Igreja, devem ser considerados como um "lugar" (*statio*) para o qual uma Comunidade convida toda a Igreja local, ou uma Igreja local, as outras Igrejas de uma região ou país, ou mesmo de todo o mundo para aprofundarem em conjunto algum aspecto do mistério da Eucaristia, prestando-lhe um culto público no vínculo da caridade e da unidade.

Esses congressos devem ser um sinal de verdadeira fé e caridade pela plena participação da Igreja local e pela expressiva concorrência das outras Igrejas.

110. Sobre lugar, temário e organização do congresso a ser celebrado, façam-se, tanto na Igreja local como nas outras, oportunas pesquisas que revelem as reais necessidades a serem consideradas e favoreçam o progresso na investigação teológica e o bem da Igreja local. Essa pesquisa seja feita com a ajuda de peritos em Teologia, Exegese, Liturgia, Pastoral e nas Ciências Humanas.

111. Na preparação do congresso promova-se antes de tudo, o seguinte:

a) intensa catequese, adaptada à compreensão dos diversos grupos, sobre a Eucaristia, principalmente como mistério de Cristo vivo e operante na Igreja;

b) mais ativa participação na sagrada Liturgia, que fomenta ao mesmo tempo uma religiosa audição da Palavra de Deus e uma consciência da comunidade fraterna[13];

c) investigação dos recursos e execução de obras sociais em vista da promoção humana e justa comunhão de bens, mesmo temporais, a exemplo da comunidade cristã primitiva[14], para que o fermento do Evangelho, emanado da mesa eucarística, se difunda por toda parte como força propulsora da sociedade presente e garantia da sociedade futura[15].

---

13 Conc. Vat. II, Const. *Sacrosanctum Concilium*, nn. 41-52; Const. *Lumen gentium*, n. 26.

14 Cf. At 4, 32.

15 Conc. Vat. II, Const. *Sacrosanctum Concilium*, n. 47; Decr. *Unitatis redintegratio*, n. 15.

112. A celebração do congresso como tal deve reger-se pelos seguintes critérios[16]:

a) a celebração da Eucaristia seja realmente o centro e o ápice para onde devem orientar-se todas as iniciativas, bem como as diversas formas de piedade;

b) as celebrações da Palavra de Deus, a catequese e as conferências devem investigar mais profundamente o tema proposto e expor com clareza seus aspectos práticos para que produzam efeito;

c) ofereça-se oportunidade de preces comunitárias e adoração mais prolongada diante do Santíssimo Sacramento exposto, em determinadas igrejas mais apropriadas para este exercício de piedade;

d) quanto à organização da procissão na qual se conduzirá o Santíssimo Sacramento publicamente pelas ruas da cidade com hinos e orações, observem-se as normas para as procissões eucarísticas[17], tomando-se em consideração as condições sociais e religiosas do lugar.

[16] Cf. S. Congr. dos Ritos, Instr. *Eucharisticum Mysterium*, n. 67: ASS 59 (1967), pp. 572-573.

[17] Cf. nn. 101-108.

Capítulo IV

TEXTOS DIVERSOS

Textos diversos a serem usados na distribuição da Comunhão fora da missa, na adoração e na procissão do Santíssimo Sacramento

I. LEITURAS BÍBLICAS

Leituras do Antigo Testamento

113. Gn 14,18-20

Melquisedec trouxe pão e vinho.

Leitura do Livro do Gênesis

Naqueles dias,
[18] Melquisedec, rei de Salém, trouxe pão e vinho
e como sacerdote do Deus Altíssimo,
[19] abençoou Abrão, dizendo:
"Bendito seja Abrão pelo Deus Altíssimo,
criador do céu e da terra!
[20] Bendito seja o Deus Altíssimo, que entregou
teus inimigos em tuas mãos!"
E Abrão entregou-lhe o dízimo de tudo.
Palavra do Senhor.

114. Ex 12,21-27

Quando o Senhor vir sangue ...,
passará adiante de vossas portas.

Leitura do Livro do Êxodo

Naqueles dias,
[21] Moisés convocou todos os anciãos de Israel
e lhes disse:
"Ide, tomai um animal para cada uma das vossas famílias
e imolai a vítima da Páscoa.
[22] Tomai um ramo de hissopo,
molhai-o no sangue que estiver na bacia,
e aspergi com ele os dois marcos
e a travessa das portas.
Mas ninguém de vós
saia fora da porta da sua casa até o amanhecer.
[23] Quando o Senhor passar pelo Egito
para castigá-lo,
e vir sangue sobre os marcos
e as travessas das portas,
passará adiante de vossas portas
e não deixará que o exterminador
entre em vossas casas e faça dano.
[24] Observareis este preceito como decreto
perpétuo para vós e vossos filhos.

[25] E, quando tiverdes entrado na terra
que o Senhor vos há de dar,
conforme prometeu, observareis este rito.
[26] E quando vossos filhos vos perguntarem:
'Que significa este rito?',
[27] respondereis:
'É o sacrifício da Páscoa do Senhor,
quando ele passou adiante das casas
dos filhos de Israel no Egito,
ferindo os egípcios e livrando as nossas casas' ".
Então o povo, ouvindo isto,
prostrou-se e adorou.
Palavra do Senhor.

115. Ex 16,2-4.12-15

Eu farei chover para vós o pão do céu.

Leitura do Livro do Êxodo

Naqueles dias:
[2] A comunidade dos filhos de Israel
pôs-se a murmurar contra Moisés e Aarão,
no deserto, dizendo:
[3] "Quem dera que tivéssemos morrido
pela mão do Senhor no Egito,
quando nos sentávamos junto às panelas de carne
e comíamos pão com fartura!

Por que nos trouxestes a este
deserto para matar de fome a toda esta gente?"
[4] O Senhor disse a Moisés:
"Eu farei chover para vós o pão do céu.
O povo sairá diariamente
e só recolherá a porção de cada dia
a fim de que eu o ponha à prova,
para ver se anda ou não na minha lei.
[12] "Eu ouvi as murmurações dos filhos de Israel.
Dize-lhes, pois:
'Ao anoitecer, comereis carne,
e pela manhã vos fartareis de pão.
Assim sabereis que eu sou o Senhor vosso Deus' ".
[13] Com efeito, à tarde, veio um bando de codornizes
e cobriu o acampamento;
e, pela manhã, formou-se uma camada de orvalho
ao redor do acampamento.
[14] Quando se evaporou o orvalho que caíra,
apareceu na superfície do deserto
uma coisa miúda, em forma de grãos,
fina como a geada sobre a terra.
[15] Vendo aquilo, os filhos de Israel disseram entre si:
"Que é isto?" Porque não sabiam o que era.
Moisés respondeu-lhes:
"Isto é o pão que o Senhor vos deu
como alimento".
Palavra do Senhor.

116. Ex 24,3-8

Este é o sangue da aliança,
que o Senhor fez convosco.

Leitura do Livro do Êxodo

Naqueles dias,
[3] Moisés veio e transmitiu ao povo
todas as palavras do Senhor e todos os decretos.
O povo respondeu em coro:
"Faremos tudo o que o Senhor nos disse".
[4] Então Moisés escreveu todas as palavras do Senhor.
Levantando-se na manhã seguinte,
ergueu ao pé da montanha
um altar e doze marcos de pedra
pelas doze tribos de Israel.
[5] Em seguida, mandou alguns jovens israelitas
oferecer holocaustos e imolar novilhos
como sacrifícios pacíficos ao Senhor.
[6] Moisés tomou metade do sangue
e o pôs em vasilhas,
e derramou a outra metade sobre o altar.
[7] Tomou depois o livro da aliança
e o leu em voz alta ao povo, que respondeu:
"Faremos tudo o que o Senhor disse e lhe obedeceremos".

[8] Moisés, então, com o sangue separado,
aspergiu o povo, dizendo:
"Este é o sangue da aliança,
que o Senhor fez convosco,
segundo todas estas palavras".
Palavra do Senhor.

117. Dt 8,2-3.15b-16a

Ele te alimentou com maná,
que não conhecias.

Leitura do Livro do Deuteronômio

Naqueles dias,
Moisés falou ao povo, dizendo:
[2] Lembra-te de todo o caminho
por onde o Senhor teu Deus te conduziu,
esses quarenta anos, no deserto,
para te humilhar e te pôr à prova,
para saber o que tinhas no teu coração,
e para ver se observarias ou
não seus mandamentos.
[3] Ele te humilhou, fazendo-te passar fome
e alimentando-te com o maná
que nem tu nem teus pais conheciam,
para te mostrar que nem só de pão vive o homem,
mas de toda palavra que sai da boca do Senhor.

[15b] Foi ele que fez jorrar água para ti da pedra duríssima,
[16a] e te alimentou no deserto com maná,
que teus pais não conheciam.
Palavra do Senhor.

118. 1Rs 19,4-8

Com a força desse alimento,
andou até chegar ao monte de Deus.

Leitura do Primeiro Livro dos Reis

Naqueles dias,
[4] Elias entrou deserto adentro
e caminhou o dia todo.
Sentou-se finalmente debaixo de um junípero
e pediu para si a morte, dizendo:
"Agora basta, Senhor! Tira a minha vida,
pois não sou melhor que meus pais".
[5] E, deitando-se no chão, adormeceu à sombra do junípero.
De repente, um anjo tocou-o e disse:
"Levanta-te e come!"
[6] Ele abriu os olhos e viu junto à sua cabeça
um pão assado debaixo da cinza e um jarro de água.

Comeu, bebeu e tornou a dormir.
[7] Mas o anjo do Senhor veio pela segunda vez,
tocou-o e disse:
"Levanta-te e come!
Ainda tens um caminho longo a percorrer".
[8] Elias levantou-se, comeu e bebeu,
e, com a força desse alimento,
andou quarenta dias e quarenta noites,
até chegar ao Horeb, o monte de Deus.
Palavra do Senhor.

119. Pr 9,1-6

Vinde comer do meu pão e
beber do vinho que misturei!

Leitura do Livro dos Provérbios

[1] A Sabedoria construiu sua casa,
levantou sete colunas.
[2] Imolou suas vítimas, misturou o vinho
e preparou a sua mesa.
[3] Enviou as empregadas para proclamarem,
dos pontos mais altos da cidade:
[4] "Quem for simples, venha a mim!"
Ao ignorante ela diz:
[5] "Vinde todos comer do meu pão
e beber do vinho que misturei!

[6] Deixai a ingenuidade e tereis vida plena!
Segui o caminho do entendimento!"
[7] Quem corrige o zombador obtém insultos,
quem repreende o ímpio atrai desonra.
[8] Não repreendas o zombador, porque te odiará:
repreende o sábio e ele te agradecerá.
[9] Dá conselhos ao sábio, e ele será mais sábio,
ensina o justo, e aprenderá ainda mais.
Palavra do Senhor.

Leituras do Novo Testamento

120. At 2,42-47

Eram perseverantes ... na comunhão fraterna,
na fração do pão.

Leitura dos Atos dos Apóstolos

Naqueles dias:
[42] Os discípulos eram perseverantes
em ouvir o ensinamento dos apóstolos,
na comunhão fraterna, na fração do pão
e nas orações.
[43] E todos estavam cheios de temor
por causa dos numerosos prodígios e sinais
que os apóstolos realizavam.

[44] Todos os que abraçavam a fé viviam unidos
e colocavam tudo em comum;
[45] vendiam suas propriedades e seus bens
e repartiam o dinheiro entre todos,
conforme a necessidade de cada um.
[46] Diariamente, todos freqüentavam o Templo,
partiam o pão pelas casas e, unidos,
tomavam a refeição
com alegria e simplicidade de coração.
[47] Louvavam a Deus e eram estimados
por todo o povo.
E, cada dia, o Senhor acrescentava
ao seu número
mais pessoas que seriam salvas.
Palavra do Senhor.

121. At 10,34a,37-43

Nós comemos e bebemos com ele,
depois que ressuscitou dos mortos.

Leitura dos Atos dos Apóstolos

Naqueles dias,
[34a] Pedro tomou a palavra e disse:
[37] "Vós sabeis o que aconteceu em toda a Judéia,
a começar pela Galiléia,
depois do batismo pregado por João:

[38] como Jesus de Nazaré foi ungido por Deus
com o Espírito Santo e com poder.
Ele andou por toda parte, fazendo o bem
e curando a todos os que estavam dominados
pelo demônio;
porque Deus estava com ele.
[39] E nós somos testemunhas de tudo o que Jesus fez
na terra dos judeus e em Jerusalém.
Eles o mataram, pregando-o numa cruz.
[40] Mas Deus o ressuscitou no terceiro dia,
concedendo-lhe manifestar-se
[41] não a todo o povo,
mas às testemunhas que Deus havia escolhido:
a nós, que comemos e bebemos com Jesus,
depois que ressuscitou dos mortos.
[42] E Jesus nos mandou pregar ao povo
e testemunhar que Deus o constituiu
Juiz dos vivos e dos mortos.
[43] Todos os profetas dão testemunho dele:
'Todo aquele que crê em Jesus
recebe, em seu nome, o perdão dos pecados'".
Palavra do Senhor.

122. 1Cor 10,16-17

Porque há um só pão,
nós todos somos um só corpo.

Leitura da Primeira Carta de São Paulo
aos Coríntios

Irmãos:
[16] O cálice da bênção, o cálice que abençoamos,
não é comunhão com o sangue de Cristo?
E o pão que partimos,
não é comunhão com o corpo de Cristo?
[17] Porque há um só pão,
nós todos somos um só corpo,
pois todos participamos desse único pão.
Palavra do Senhor.

123. 1Cor 11,23-26

Todas as vezes que comerdes e beberdes,
estareis proclamando a morte do Senhor.

Leitura da Primeira Carta de São Paulo
aos Coríntios

Irmãos:
[23] O que eu recebi do Senhor foi isso que eu vos transmiti:
Na noite em que foi entregue,
o Senhor Jesus tomou o pão
[24] e, depois de dar graças, partiu-o
e disse: "Isto é o meu corpo
que é dado por vós.
Fazei-o em memória de mim".
[25] Do mesmo modo, depois da ceia,
tomou também o cálice e disse:
"Este cálice é a nova aliança, em meu sangue.
Todas as vezes que dele beberdes,
fazei isto em minha memória".
[26] Todas as vezes, de fato, que comerdes deste pão
e beberdes deste cálice,
estareis proclamando a morte do Senhor,
até que ele venha.
Palavra do Senhor.

124. Hb 9,11-15

O Sangue de Cristo, purificará
a nossa consciência.

Leitura da Carta aos Hebreus

[11] Cristo veio como sumo sacerdote
dos bens futuros.
Através de uma tenda maior e mais perfeita,
que não é obra de mãos humanas,
isto é, que não faz parte desta criação,
[12] e não com o sangue de bodes e bezerros,
mas com o seu próprio sangue,
ele entrou no Santuário uma vez por todas,
obtendo uma redenção eterna.
[13] De fato, se o sangue de bodes e touros,
e a cinza de novilhas espalhada sobre
os seres impuros
os santifica e realiza a pureza ritual dos corpos,
[14] quanto mais o Sangue de Cristo
purificará a nossa consciência das obras mortas,
para servirmos ao Deus vivo,
pois, em virtude do espírito eterno,
Cristo se ofereceu a si mesmo a Deus
como vítima sem mancha.

[15] Por isso, ele é mediador de uma nova aliança.
Pela sua morte, ele reparou as transgressões
cometidas no decorrer da primeira aliança.
E, assim, aqueles que são chamados
recebem a promessa da herança eterna.
Palavra do Senhor.

125. Hb 12,18-19.22-24

Vós vos aproximastes da aspersão do sangue,
mais eloqüente que o de Abel.

Leitura da Carta aos Hebreus

Irmãos:
[18] Vós não vos aproximastes
de uma realidade palpável:
"fogo ardente e escuridão, trevas e tempestade,
[19] som da trombeta e voz poderosa",
que os ouvintes suplicaram não continuasse,
[20] pois não suportavam o que fora ordenado:
"Até um animal será apedrejado,
se tocar a montanha".
[21] Eles ficaram tão espantados
com esse espetáculo,
que Moisés disse:
"Estou apavorado e com medo".

[22] Mas vós vos aproximastes do monte Sião
e da cidade do Deus vivo, a Jerusalém celeste;
da reunião festiva de milhões de anjos;
[23] da assembléia dos primogênitos,
cujos nomes estão escritos nos céus;
de Deus, o Juiz de todos;
dos espíritos dos justos,
que chegaram à perfeição;
[24] de Jesus, mediador da nova aliança,
e da aspersão do sangue
mais eloqüente que o de Abel.
Palavra do Senhor.

126. 1Pd 1,17-21

Fostes resgatados pelo precioso sangue de Cristo,
como de um cordeiro sem mancha.

Leitura da Primeira Carta de São Pedro

Caríssimos:
[17] Se invocais como Pai
aquele que sem discriminação julga a cada um
de acordo com as suas obras,
vivei então respeitando a Deus
durante o tempo de vossa migração neste mundo.
[18] Sabeis que fostes resgatados
da vida fútil herdada de vossos pais,
não por meio de coisas perecíveis,
como a prata ou o ouro,
[19] mas pelo precioso sangue de Cristo,
como de um cordeiro sem mancha nem defeito.
[20] Antes da criação do mundo,
ele foi destinado para isso,
e neste final dos tempos, ele apareceu,
por amor de vós.
[21] Por ele é que alcançastes a fé em Deus.
Deus o ressuscitou dos mortos e lhe deu a glória,
e assim, a vossa fé e esperança estão em Deus.
Palavra do Senhor.

127. 1Jo 5,4-8

São três os que dão testemunho:
o Espírito, a água e o sangue.

Leitura da Primeira Carta de São João

Caríssimos:
[4] Todo o que nasceu de Deus vence o mundo.
E esta é a vitória que venceu o mundo:
a nossa fé.
[5] Quem é o vencedor do mundo,
senão aquele que crê
que Jesus é o Filho de Deus?
[6] Este é o que veio pela água e pelo sangue:
Jesus Cristo.
(Não veio somente com a água,
mas com a água e o sangue).
E o Espírito é que dá testemunho,
porque o Espírito é a Verdade.
[7] Assim, são três que dão testemunho:
[8] o Espírito, a água e o sangue;
e os três são unânimes.
Palavra do Senhor.

128. Ap 1,5-8

Jesus nos ama e por seu sangue
nos libertou dos nossos pecados.

Leitura do Apocalipse de São João

A vós, graça e paz,
[5] da parte de Jesus Cristo,
a testemunha fiel,
o primeiro a ressuscitar dentre os mortos,
o soberano dos reis da terra.
A Jesus, que nos ama,
que por seu sangue nos libertou
dos nossos pecados
[6] e que fez de nós um reino,
sacerdotes para seu Deus e Pai,
a ele a glória e o poder, em eternidade. Amém.
[7] Olhai! Ele vem com as nuvens,
e todos os olhos o verão,
também aqueles que o traspassaram.
Todas as tribos da terra baterão no peito por causa dele.
Sim.
Amém!
[8] "Eu sou o Alfa e o Ômega", diz o Senhor Deus,
"aquele que é, que era e que vem,
o Todo-poderoso".
Palavra do Senhor.

129. Ap 7,9-14

Lavaram e alvejaram as suas roupas
no sangue do Cordeiro.

Leitura do Apocalipse de São João

Eu, João,
[9] vi uma multidão imensa
de gente de todas as nações,
tribos, povos e línguas,
e que ninguém podia contar.
Estavam de pé diante do trono e do Cordeiro;
trajavam vestes brancas
e traziam palmas na mão.
[10] Todos proclamavam com voz forte:
"A salvação pertence ao nosso Deus,
que está sentado no trono,
e ao Cordeiro".
[11] Todos os anjos estavam de pé,
em volta do trono e dos Anciãos
e dos quatro Seres vivos
e prostravam-se, com o rosto por terra,
diante do trono.
E adoravam a Deus, dizendo:
[12] "Amém. O louvor, a glória e a sabedoria,
a ação de graças, a honra, o poder e a força
pertencem ao nosso Deus para sempre. Amém".

[13] E um dos Anciãos falou comigo e perguntou:
"Quem são esses, vestidos com roupas brancas?
De onde vieram?"
[14] Eu respondi: "Tu é que sabes, meu Senhor".
E então ele me disse:
"Esses são os que vieram da grande tribulação.
Lavaram e alvejaram as suas roupas
no sangue do Cordeiro".
Palavra do Senhor.

Salmos responsoriais

130. Sl 22(23),1-3.4.5.6 (R. 1)

R. O Se**nhor** é o pas**tor** que me con**duz**;
não me **fal**ta coisa al**gu**ma.

– [1]O Se**nhor** é o pas**tor** que me con**duz**; *
não me **fal**ta coisa al**gu**ma.
– [2]Pelos **pra**dos e campinas verdejantes *
ele me **le**va a descansar. R.

– Para as **á**guas repousantes me encaminha, *
[3]e res**tau**ra as minhas forças.
– Ele me **gui**a no caminho mais seguro, *
pela **hon**ra do seu nome. R.

– [4]Mesmo que eu **pas**se pelo vale tenebroso, *
nenhum **mal** eu temerei;
– estais co**mi**go com bastão e com cajado; *
eles me **dão** a segurança! R.

– [5]Prepa**rais** à minha frente uma mesa, *
bem à **vis**ta do inimigo,
– e com **ó**leo vós ungis minha cabeça; *
o meu **cá**lice transborda. R.

– [6]Felici**da**de e todo bem hão de seguir-me *
por **to**da a minha vida;
– e, na **ca**sa do Senhor, habitarei *
pelos **tem**pos infinitos. R.

131. Sl 33(34),2-3.4-5.6-7.8-9 (R. 9a)

R. Provai e **ve**de quão su**a**ve é o Se**nhor**!

– [2]Bendi**rei** o Senhor **Deus** em todo o **tem**po, *
seu lou**vor** estará sempre em minha boca.
– [3]Minha **al**ma se gloria no Senhor; *
que **ou**çam os humildes e se alegrem! R.

– [4]Co**mi**go engrandecei ao Senhor Deus, *
exal**te**mos todos juntos o seu nome!
– [5]Todas as **ve**zes que o busquei, ele me ouviu, *
e de **to**dos os temores me livrou. R.

– [6]Contem**plai** a sua face e alegrai-vos, *
e vosso **ros**to não se cubra de vergonha!
– [7]Este infe**liz** gritou a Deus, e foi ouvido, *
e o Se**nhor** o libertou de toda angústia. R.

– [8]O **an**jo do Senhor vem acampar *
ao re**dor** dos que o temem, e os salva.
– [9]Provai e **ve**de quão suave é o Senhor! *
Feliz o **ho**mem que tem nele o seu refúgio! R.

132. Sl 39(40),2 e 4ab.7-8a. 8b-9.10 (R.8a.9a)

R. Eis que **ve**nho, Se**nhor**, ó meu **Deus**:
Com pra**zer** faço a **vos**sa von**ta**de.

– [2]Espe**ran**do, espe**rei** no Se**nhor**, *
e incli**nan**do-se, ouviu meu clamor.
– [4]Canto **no**vo ele pôs em meus lábios, *
um poema em louvor ao Senhor. R.

– [7]Sacri**fí**cio e oblação não quisestes, *
mas a**bris**tes, Senhor, meus ouvidos;
= não pe**dis**tes ofertas nem vítimas, †
holo**caus**tos por nossos pecados. *
[8]E en**tão** eu vos disse: "Eis que venho!" R.

= Sobre **mim** está escrito no livro: †
[9]"Com pra**zer** faço a vossa vontade, *
guardo em **meu** coração vossa lei!"
= [10]Boas-**no**vas de vossa justiça †
anunci**ei** numa grande assembléia; *
vós **sa**beis: não fechei os meus lábios! R.

133. Sl 77(78),3-4a e 7ab.23-24.25 e 54 (R.24b)

R. Deus lhes **deu** para co**mer** o pão do **céu**.

– [3]Tudo a**qui**lo que ou**vi**mos e apren**de**mos, *
e transmi**ti**ram para nós os nossos pais,
– [4]não have**re**mos de ocultar a nossos filhos, *
mas à **no**va geração nós contaremos, R.

– [7]para que **po**nham no Senhor sua esperança;
das **o**bras do Senhor não se esqueçam.
– [23]Orde**nou**, então, às nuvens lá dos céus, *
e as com**por**tas das alturas fez abrir; R.

– [24]fez cho**ver**-lhes o maná e alimentou-os, *
e lhes **deu** para comer o pão do céu.
– [25]O **ho**mem se nutriu do pão dos anjos, *
e man**dou**-lhes alimento em abundância. R.

– [54]Condu**ziu**-os para a Terra Prometida, *
para o **Mon**te que seu braço conquistou. R.

134. Sl 109(110),1.2.3.4 (R.4bc)

R. "Tu **és** sacer**do**te eterna**men**te,
se**gun**do a ordem do **rei** Melquise**dec**!

– [1]Pa**la**vra do Se**nhor** ao meu Se**nhor**: *
"**Assen**ta-te ao lado meu direito
– até que eu **po**nha os inimigos teus *
como esca**be**lo por debaixo de teus pés!" R.

= [2]O Se**nhor** estenderá desde Sião †
vosso **ce**tro de poder, pois Ele diz: *
"Do**mi**na com vigor teus inimigos; R.

= [3]tu és **prín**cipe desde o dia em que nasceste; †
na **gló**ria e esplendor da santidade, *
como o or**va**lho, antes da aurora,
eu te gerei!" R.

= [4]Jurou o Se**nhor** e manterá sua palavra: †
"Tu **és** sacerdote eternamente, *
se**gun**do a ordem do rei Melquisedec!" R.

135. Sl 115(116B),12-13,15-16bc.17-18 (R. 13 ou R. 1Cor 10,16)

R. Elevo o **cá**lice da **mi**nha salva**ção**,
invo**can**do o nome **san**to do Se**nhor**.

Ou:

R. A **ta**ça da **bên**ção que **a**bençoa**mos**,
não **é** comun**hão** com o **san**gue de **Cris**to?

– [12]Que pode**rei** retribu**ir** ao Senhor **Deus** *
por tudo **aqui**lo que ele fez em meu favor?
– [13]Elevo o **cá**lice da minha salvação, *
invo**can**do o nome santo do Senhor. R.

– [15]É sen**ti**da por demais pelo Senhor *
a **mor**te de seus santos, seus amigos.
= [16]Eis que **sou** o vosso servo, ó Senhor, †
vosso **ser**vo que nasceu de vossa serva; *
mas me que**bras**tes os grilhões da escravidão! R.

– [17]Por isso **o**fer**to** um sacrifício de louvor, *
invo**can**do o nome santo do Senhor.
– [18]Vou cum**prir** minhas promessas ao Senhor *
na pre**sen**ça de seu povo reunido. R.

136. Sl 144 (145),10-11.15-16.17-18 (R. cf. 16)

R. Vós a**bris** a vossa **mão**, ó Senhor **Deus** e nos saci**ais**.

– [10]Que vossas **o**bras, ó Se**nhor**, vos glori**fi**quem,*
e os vossos **san**tos com louvores vos bendigam!
– [11]Narrem a **gló**ria e o esplendor do vosso reino*
e **sai**bam proclamar vosso poder! R.

– [15]Todos os **o**lhos, ó Senhor, em vós esperam *
e vós lhes **dais** no tempo certo o alimento;
– [16]vós **abris** a vossa mão prodigamente *
e saci**ais** todo ser vivo com fartura. R.

– [17]É **jus**to o Senhor em seus caminhos, *
é **san**to em toda obra que ele faz.
– [18]Ele está **per**to da pessoa que o invoca, *
de todo a**que**le que o invoca lealmente. R.

137. Sl 147,12-13.14-15.19-20 (R. 12a ou R. Jo 6,58c)

R. Glorifica o **Senhor**, Jerusa**lém**!

Ou:

R. Quem co**mer** deste **pão** vive**rá** para **sem**pre.

– [12]Glori**fi**ca o Se**nhor**, Jerusa**lém**! *
Ó Si**ão**, canta louvores ao teu Deus!
– [13]Pois refor**çou** com segurança as tuas portas, *
e os teus **fi**lhos em teu seio abençoou; R.

– [14]a **paz** em teus limites garantiu *
e te **dá** como alimento a flor do trigo.
– [15]Ele en**vi**a suas ordens para a terra, *
e a pa**la**vra que ele diz corre veloz. R.

– [19]A**nun**cia a Jacó sua palavra, * seus pre**cei**tos
e suas leis a Israel.
– [20]Nenhum **po**vo recebeu tanto carinho, *
a nenhum **ou**tro revelou os seus preceitos. R.

Aleluia e Versículos antes do Evangelho

Na Quaresma, em vez do Aleluia, o refrão pode ser:

R. Lou**vor** e **glória** a **ti**, Se**nhor**, Cristo,
Pa**la**vra de **Deus**!

138. Jo 6,51

R. Ale**lu**ia, ale**lu**ia, ale**lu**ia.

V. Eu **sou** o pão **vi**vo des**ci**do dos **céus**,
quem co**mer** deste **pão** vive**rá** para **sem**pre. R.

139. Jo 6,56

R. Ale**lu**ia, ale**lu**ia, ale**lu**ia.

V. Quem **co**me a minha **car**ne e **be**be o meu **san**gue,
em **mim** perma**ne**ce e eu **vou** ficar **ne**le. R.

140. Jo 6,57

R. Ale**lu**ia, ale**lu**ia, ale**lu**ia.

V. O Pai que **vi**ve me envi**ou** e eu **vi**vo pelo **Pai**.
Quem de **mim** se ali**men**ta vive**rá**,
também, por **mim**. R.

141. Cf. Ap 1,5ab

R. Ale**lu**ia, ale**lu**ia, ale**lu**ia.

V. Jesus **Cris**to, a fi**el** teste**mu**nha,
Primogênito dos **mor**tos,
nos **amou** e do pe**ca**do nos la**vou**,
em seu **san**gue derra**ma**do. R.

142. Ap 5,9

R. Ale**lu**ia, ale**lu**ia, ale**lu**ia.

V. Vós sois **dig**no, Se**nhor** Jesus **Cris**to,
de o **li**vro nas **mãos** rece**ber**
e de a**brir** suas **fo**lhas la**cra**das,
porque **fos**tes por **nós** imo**la**do,
para **Deus** nos re**miu** vosso **san**gue! R.

Evangelhos

143. Mc 14,12-16.22-26

Isto é meu corpo. Isto é meu sangue.

✠ Proclamação do Evangelho de Jesus Cristo segundo Marcos

[12] No primeiro dia dos Ázimos,
quando se imolava o cordeiro pascal,
os discípulos disseram a Jesus:
"Onde queres que façamos os preparativos
para comeres a Páscoa?"
[13] Jesus enviou então dois dos seus discípulos
e lhes disse:
"Ide à cidade.
Um homem carregando um jarro de água
virá ao vosso encontro.
Segui-o
[14] e dizei ao dono da casa em que ele entrar:
'O Mestre manda dizer:
onde está a sala em que vou comer a Páscoa
com os meus discípulos?'
[15] Então ele vos mostrará, no andar de cima,
uma grande sala, arrumada com almofadas.
Ali fareis os preparativos para nós!"

[16] Os discípulos saíram e foram à cidade.
Encontraram tudo como Jesus havia dito,
e prepararam a Páscoa.
[22] Enquanto comiam, Jesus tomou o pão
e, tendo pronunciado a bênção,
partiu-o e entregou-lhes, dizendo:
"Tomai, isto é o meu corpo".
[23] Em seguida, tomou o cálice, deu graças,
entregou-lhes e todos beberam dele.
[24] Jesus lhes disse:
"Isto é o meu sangue, o sangue da aliança,
que é derramado em favor de muitos.
[25] Em verdade vos digo,
não beberei mais do fruto da videira,
até o dia em que beberei o vinho novo
no Reino de Deus".
[26] Depois de terem cantado o hino,
foram para o monte das Oliveiras.
Palavra da Salvação.

144. Mc 15,16-20

Vestiram Jesus com um manto vermelho,
teceram uma coroa de espinhos
e a puseram em sua cabeça.

✠ Proclamação do Evangelho de Jesus Cristo segundo Marcos

Naquele tempo:
16 Os soldados levaram Jesus para dentro do palácio,
isto é, o pretório,
e convocaram toda a tropa.
17 Vestiram Jesus com um manto vermelho,
teceram uma coroa de espinhos
e a puseram em sua cabeça.
18 E começaram a saudá-lo:
"Salve, rei dos judeus!"
19 Batiam-lhe na cabeça com uma vara.
Cuspiam nele e, dobrando os joelhos,
prostravam-se diante dele.
20 Depois de zombarem de Jesus,
tiraram-lhe o manto vermelho,
vestiram-no de novo com suas próprias roupas
e o levaram para fora, a fim de crucificá-lo.
Palavra da Salvação.

145. Lc 9,11b-17

Todos comeram e ficaram satisfeitos.

✠ Proclamação do Evangelho de Jesus Cristo segundo Lucas

Naquele tempo,
[11b] Jesus acolheu as multidões,
falava-lhes sobre o Reino de Deus
e curava todos os que precisavam.
[12] A tarde vinha chegando.
Os doze apóstolos aproximaram-se de Jesus
e disseram: "Despede a multidão,
para que possa ir aos povoados e
campos vizinhos
procurar hospedagem e comida,
pois estamos num lugar deserto."
[13] Mas Jesus disse:
"Dai-lhes vós mesmos de comer".
Eles responderam:
"Só temos cinco pães e dois peixes.
A não ser que fôssemos comprar comida
para toda essa gente".
[14] Estavam ali mais ou menos cinco mil homens.
Mas Jesus disse aos discípulos:

"Mandai o povo sentar-se em grupos
de cinqüenta".

[15] Os discípulos assim fizeram,
e todos se sentaram.

[16] Então Jesus tomou os cinco pães
e os dois peixes,
elevou os olhos para o céu,
abençoou-os, partiu-os
e os deu aos discípulos
para distribuí-los à multidão.

[17] Todos comeram e ficaram satisfeitos.
E ainda foram recolhidos doze cestos
dos pedaços que sobraram.
Palavra da Salvação.

146. Lc 22,39-44

*Seu suor tornou-se como gotas de sangue
que caíam no chão.*

✠ Proclamação do Evangelho de Jesus Cristo
segundo Lucas

Naquele tempo,

[39] Jesus saiu e, como de costume,
foi para o monte das Oliveiras.
Os discípulos o acompanharam.

[40] Chegando ao lugar, Jesus lhes disse:
"Orai para não entrardes em tentação".
[41] Então afastou-se a uma certa distância
e, de joelhos, começou a rezar:
[42] "Pai, se queres, afasta de mim este cálice;
contudo, não seja feita a minha vontade,
mas a tua!"
[43] Apareceu-lhe um anjo do céu, que o conforta-
va.
[44] Tomado de angústia,
Jesus rezava com mais insistência.
Seu suor tornou-se como gotas de sangue
que caíam no chão.
Palavra da Salvação.

147. Lc 24,13-35 (mais longo)

Reconheceram-no na fração do pão.

✠ Proclamação do Evangelho de Jesus Cristo
segundo Lucas

[13] Naquele mesmo dia, o primeiro da semana,
dois dos discípulos de Jesus
iam para um povoado, chamado Emaús,
distante onze quilômetros de Jerusalém.
[14] Conversavam sobre todas as coisas
que tinham acontecido.

[15] Enquanto conversavam e discutiam,
o próprio Jesus se aproximou
e começou a caminhar com eles.
[16] Os discípulos, porém, estavam como que cegos,
e não o reconheceram.
[17] Então Jesus perguntou:
"O que ides conversando pelo caminho?"
Eles pararam, com o rosto triste,
[18] e um deles, chamado Cléofas, lhe disse:
"Tu és o único peregrino em Jerusalém
que não sabe o que lá aconteceu nestes
últimos dias?"
[19] Ele perguntou:
"O que foi?"
Os discípulos responderam:
"O que aconteceu com Jesus, o Nazareno,
que foi um profeta poderoso em obras e palavras,
diante de Deus e diante de todo o povo.
[20] Nossos sumos sacerdotes e nossos chefes
o entregaram para ser condenado à morte
e o crucificaram.
[21] Nós esperávamos que ele fosse libertar Israel,
mas, apesar de tudo isso,
já faz três dias que todas essas coisas
aconteceram!

[22] É verdade que algumas mulheres do nosso grupo
nos deram um susto.
Elas foram de madrugada ao túmulo
[23] e não encontraram o corpo dele.
Então voltaram, dizendo que tinham visto anjos
e que estes afirmaram que Jesus está vivo.
[24] Alguns dos nossos foram ao túmulo
e encontraram as coisas como as mulheres
tinham dito.
A ele, porém, ninguém o viu".
[25] Então Jesus lhes disse:
"Como sois sem inteligência e lentos
para crer em tudo o que os profetas falaram!
[26] Será que o Cristo não devia sofrer tudo isso
para entrar na sua glória?"
[27] E, começando por Moisés e
passando pelos Profetas,
explicava aos discípulos
todas as passagens da Escritura
que falavam a respeito dele.
[28] Quando chegaram perto
do povoado para onde iam,
Jesus fez de conta que ia mais adiante.
[29] Eles, porém, insistiram com Jesus, dizendo:
"Fica conosco, pois já é tarde
e a noite vem chegando!"
Jesus entrou para ficar com eles.

[30] Quando se sentou à mesa com eles,
tomou o pão, abençoou-o,
partiu-o e lhes distribuía.
[31] Nisso os olhos dos discípulos se abriram
e eles reconheceram Jesus.
Jesus, porém, desapareceu da frente deles.
[32] Então um disse ao outro:
"Não estava ardendo o nosso coração
quando ele nos falava pelo caminho,
e nos explicava as Escrituras?"
[33] Naquela mesma hora, eles se levantaram
e voltaram para Jerusalém
onde encontraram os Onze
reunidos com os outros.
[34] E estes confirmaram:
"Realmente,
o Senhor ressuscitou e apareceu a Simão!"
[35] Então os dois contaram
o que tinha acontecido no caminho,
e como tinham reconhecido Jesus
ao partir o pão.
Palavra da Salvação.

147a. Lc 24,13-16.28-35 (mais breve)

Reconheceram-no na fração do pão.

✠ Proclamação do Evangelho de Jesus Cristo
segundo Lucas

[13] Naquele mesmo dia, o primeiro da semana,
dois dos discípulos de Jesus
iam para um povoado, chamado Emaús,
distante onze quilômetros de Jerusalém.
[14] Conversavam sobre todas as coisas
que tinham acontecido.
[15] Enquanto conversavam e discutiam,
o próprio Jesus se aproximou
e começou a caminhar com eles.
[16] Os discípulos, porém, estavam como que cegos,
e não o reconheceram.
[28] Quando chegaram perto do povoado
para onde iam,
Jesus fez de conta que ia mais adiante.
[29] Eles, porém, insistiram com Jesus, dizendo:
"Fica conosco, pois já é tarde
e a noite vem chegando!"
Jesus entrou para ficar com eles.
[30] Quando se sentou à mesa com eles,
tomou o pão, abençoou-o,
partiu-o e lhes distribuía.

[31] Nisso os olhos dos discípulos se abriram
e eles reconheceram Jesus.
Jesus, porém, desapareceu da frente deles.
[32] Então um disse ao outro:
"Não estava ardendo o nosso coração
quando ele nos falava pelo caminho,
e nos explicava as Escrituras?"
[33] Naquela mesma hora, eles se levantaram
e voltaram para Jerusalém
onde encontraram os Onze
reunidos com os outros.
[34] E estes confirmaram:
"Realmente,
o Senhor ressuscitou e apareceu a Simão!"
[35] Então os dois contaram
o que tinha acontecido no caminho,
e como tinham reconhecido Jesus
ao partir o pão.
Palavra da Salvação.

148. Jo 6,1-15

Distribuiu-os aos que estavam sentados, tanto quanto queriam.

✠ Proclamação do Evangelho de Jesus Cristo segundo João

Naquele tempo,
[1] Jesus foi para o outro lado do mar da Galiléia,
também chamado de Tiberíades.
[2] Uma grande multidão o seguia,
porque via os sinais que ele operava
a favor dos doentes.
[3] Jesus subiu ao monte
e sentou-se aí, com os seus discípulos.
[4] Estava próxima a Páscoa, a festa dos judeus.
[5] Levantando os olhos,
e vendo que uma grande multidão
estava vindo ao seu encontro,
Jesus disse a Filipe:
"Onde vamos comprar pão para que eles possam comer?"
[6] Disse isso para pô-lo à prova,
pois ele mesmo sabia muito bem o que ia fazer.
[7] Filipe respondeu:
"Nem duzentas moedas de prata bastariam
para dar um pedaço de pão a cada um".

[8] Um dos discípulos,
André, o irmão de Simão Pedro, disse:
[9] "Está aqui um menino
com cinco pães de cevada e dois peixes.
Mas o que é isso para tanta gente?"
[10] Jesus disse:
"Fazei sentar as pessoas".
Havia muita relva naquele lugar,
e lá se sentaram, aproximadamente,
cinco mil homens.
[11] Jesus tomou os pães,
deu graças
e distribuiu-os aos que estavam sentados,
tanto quanto queriam.
E fez o mesmo com os peixes.
[12] Quando todos ficaram satisfeitos,
Jesus disse aos discípulos:
"Recolhei os pedaços que sobraram,
para que nada se perca!"
[13] Recolheram os pedaços
e encheram doze cestos
com as sobras dos cinco pães,
deixadas pelos que haviam comido.
[14] Vendo o sinal que Jesus tinha realizado,
aqueles homens exclamavam:
"Este é verdadeiramente o Profeta,
aquele que deve vir ao mundo".

[15] Mas, quando notou que estavam querendo levá-lo
para proclamá-lo rei,
Jesus retirou-se de novo,
sozinho, para o monte.
Palavra da Salvação.

149. Jo,24-35

Quem vem a mim não terá mais fome
e quem crê em mim nunca mais terá sede.

✠ Proclamação do Evangelho de Jesus Cristo
segundo João

Naquele tempo:
[24] Quando a multidão viu
que Jesus não estava ali,
nem os seus discípulos,
subiram às barcas
e foram à procura de Jesus, em Cafarnaum.
[25] Quando o encontraram no outro lado do mar,
perguntaram-lhe:
"Rabi, quando chegaste aqui?"
[26] Jesus respondeu:
"Em verdade, em verdade, eu vos digo:
estais me procurando não porque vistes sinais,
mas porque comestes pão e ficastes satisfeitos.

[27] Esforçai-vos não pelo alimento que se perde,
mas pelo alimento que permanece
até a vida eterna,
e que o Filho do homem vos dará.
Pois este é quem o Pai marcou com seu selo".
[28] Então perguntaram:
"Que devemos fazer para realizar as obras
de Deus?"
[29] Jesus respondeu:
"A obra de Deus é que acrediteis
naquele que ele enviou".
[30] Eles perguntaram:
"Que sinal realizas,
para que possamos ver e crer em ti?
Que obra fazes?
[31] Nossos pais comeram o maná no deserto,
como está na Escritura:
'Pão do céu deu-lhes a comer' ".
[32] Jesus respondeu:
"Em verdade, em verdade vos digo,
não foi Moisés quem vos deu
o pão que veio do céu.
É meu Pai que vos dá o verdadeiro pão do céu.
[33] Pois o pão de Deus é aquele que desce do céu
e dá vida ao mundo".
[34] Então pediram:
"Senhor, dá-nos sempre desse pão".

[35] Jesus lhes disse:
"Eu sou o pão da vida.
Quem vem a mim não terá mais fome
e quem crê em mim nunca mais terá sede.
Palavra da Salvação.

150. Jo 6,41-51

Eu sou o pão vivo que desceu do céu.

✠ Proclamação do Evangelho de Jesus Cristo segundo João

Naquele tempo:
[41] Os judeus começaram a murmurar
a respeito de Jesus,
porque havia dito:
"Eu sou o pão que desceu do céu".
[42] Eles comentavam:
"Não é este Jesus, o filho de José?
Não conhecemos seu pai e sua mãe?
Como então pode dizer que desceu do céu?"
Jesus respondeu:
"Não murmureis entre vós.
[44] Ninguém pode vir a mim,
se o Pai que me enviou
não o atrai.
E eu o ressuscitarei no último dia.

[45] Está escrito nos Profetas:
'Todos serão discípulos de Deus'.
Ora, todo aquele que escutou o Pai
e por ele foi instruído,
vem a mim.
[46] Não que alguém já tenha visto o Pai.
Só aquele que vem de junto de Deus
viu o Pai.
[47] Em verdade, em verdade vos digo,
quem crê possui a vida eterna.
[48] Eu sou o pão da vida.
[49] Os vossos pais comeram o maná no deserto
e, no entanto, morreram.
[50] Eis aqui o pão que desce do céu:
quem dele comer nunca morrerá.
[51] Eu sou o pão vivo descido do céu.
Quem comer deste pão viverá eternamente.
E o pão que eu darei
é a minha carne dada para a vida do mundo".
Palavra da Salvação.

151. Jo 6,51-58

Minha carne é verdadeira comida e o meu sangue, verdadeira bebida.

✠ Proclamação do Evangelho de Jesus Cristo segundo João

Naquele tempo,
disse Jesus às multidões dos judeus:
[51] "Eu sou o pão vivo descido do céu.
Quem comer deste pão viverá eternamente.
E o pão que eu darei
é a minha carne dada para a vida do mundo".
[52] Os judeus discutiam entre si, dizendo:
"Como é que ele pode dar a sua carne a comer?"
[53] Então Jesus disse:
"Em verdade, em verdade vos digo,
se não comerdes a carne do Filho do Homem
e não beberdes o seu sangue,
não tereis a vida em vós.
[54] Quem come a minha carne
e bebe o meu sangue
tem a vida eterna,
e eu o ressuscitarei no último dia.
[55] Porque a minha carne é verdadeira comida
e o meu sangue, verdadeira bebida.

[56] Quem come a minha carne
e bebe o meu sangue
permanece em mim e eu nele.
[57] Como o Pai, que vive, me enviou,
e eu vivo por causa do Pai,
assim o que me come
viverá por causa de mim.
[58] Este é o pão que desceu do céu.
Não é como aquele que os vossos pais comeram.
Eles morreram.
Aquele que come este pão
viverá para sempre".
Palavra da Salvação.

152. Jo 19,31-37

Um soldado lhe abriu o lado com uma lança e logo saiu sangue e água.

✠ Proclamação do Evangelho de Jesus Cristo segundo João

[31] Era o dia da preparação para a Páscoa.
Os judeus queriam evitar
que os corpos ficassem na cruz durante o sábado,
porque aquele sábado era dia de festa solene.
Então pediram a Pilatos
que mandasse quebrar as pernas aos crucificados
e os tirasse da cruz.
[32] Os soldados foram
e quebraram as pernas de um e depois do outro
que foram crucificados com Jesus.
[33] Ao se aproximarem de Jesus,
e vendo que já estava morto,
não lhe quebraram as pernas;
[34] mas um soldado abriu-lhe o lado com uma lança,
e logo saiu sangue e água.
[35] Aquele que viu, dá testemunho
e seu testemunho é verdadeiro;
e ele sabe que fala a verdade,
para que vós também acrediteis.

[36] Isso aconteceu para que se cumprisse a Escritura,
que diz:
"Não quebrarão nenhum dos seus ossos".
[37] E outra Escritura ainda diz:
"Olharão para aquele que transpassaram".
Palavra da Salvação.

153. Jo 21,1-14

Jesus tomou o pão e distribuiu-o por eles.

✠ Proclamação do Evangelho de Jesus Cristo
segundo João

Naquele tempo:
[1] Jesus apareceu de novo aos discípulos,
à beira do mar de Tiberíades.
A aparição foi assim:
[2] Estavam juntos Simão Pedro,
Tomé, chamado Dídimo,
Natanael de Caná da Galiléia,
os filhos de Zebedeu
e outros dois discípulos de Jesus.
[3] Simão Pedro disse a eles:
"Eu vou pescar".
Eles disseram:
"Também vamos contigo".

Saíram e entraram na barca,
mas não pescaram nada naquela noite.
[4] Já tinha amanhecido,
e Jesus estava de pé na margem.
Mas os discípulos não sabiam que era Jesus.
[5] Então Jesus disse:
"Moços, tendes alguma coisa para comer?"
Responderam:
"Não".
[6] Jesus disse-lhes:
"Lançai a rede à direita da barca, e achareis".
Lançaram pois a rede
e não conseguiam puxá-la para fora,
por causa da quantidade de peixes.
[7] Então, o discípulo a quem Jesus amava
disse a Pedro: "É o Senhor!"
Simão Pedro, ouvindo dizer que era o Senhor,
vestiu sua roupa, pois estava nu,
e atirou-se ao mar.
[8] Os outros discípulos vieram com a barca,
arrastando a rede com os peixes.
Na verdade, não estavam longe da terra,
mas somente a cerca de cem metros.
[9] Logo que pisaram a terra,
viram brasas acesas,
com peixe em cima, e pão.
[10] Jesus disse-lhes:
"Trazei alguns dos peixes que apanhastes".

[11] Então Simão Pedro subiu ao barco
e arrastou a rede para a terra.
Estava cheia de cento e cinqüenta e três grandes peixes;
e, apesar de tantos peixes, a rede não se rompeu.

[12] Jesus disse-lhes:
"Vinde comer".
Nenhum dos discípulos se atrevia a perguntar
quem era ele, pois sabiam que era o Senhor.

[13] Jesus aproximou-se, tomou o pão
e distribuiu-o por eles.
E fez a mesma coisa com o peixe.

[14] Esta foi a terceira vez que Jesus,
ressuscitado dos mortos,
apareceu aos discípulos.
Palavra da Salvação.

LEITURAS DA MISSA VOTIVA DO SAGRADO CORAÇÃO DE JESUS

Leituras do Antigo Testamento

154. Ex 34,4b-7a.8-9

Senhor, Senhor, Deus misericordioso e clemente.

Leitura do Livro do Êxodo

Naqueles dias,
[4b] Moisés levantou-se, quando ainda fazia noite,
e subiu ao monte Sinai,
como o Senhor lhe havia mandado,
levando consigo as duas tábuas de pedra.
[5] O Senhor desceu na nuvem
e permaneceu com Moisés,
e este invocou o nome do Senhor.
[6] O Senhor passou diante de Moisés, proclamando:
"O Senhor, o Senhor,
Deus misericordioso e clemente,
paciente, rico em bondade e fiel,
[7a] que conserva a misericórdia por mil gerações,
e perdoa culpas, rebeldias e pecados.

[8] Imediatamente, Moisés curvou-se até o chão
[9] e, prostrado por terra, disse:
"Senhor, se é verdade que gozo de teu favor,
peço-te, caminha conosco;
embora este seja um povo de cabeça dura,
perdoa nossas culpas e nossos pecados
e acolhe-nos como propriedade tua".
Palavra do Senhor.

155. Dt 7,6-11

O Senhor vos amou e escolheu.

Leitura do Livro do Deuteronômio

Naqueles dias,
Moisés falou ao povo, dizendo:
[6] "Tu és um povo consagrado ao Senhor teu Deus.
O Senhor teu Deus
te escolheu dentre todos os povos da terra,
para seres o seu povo preferido.
[7] O Senhor se afeiçoou a vós e vos escolheu,
não por serdes mais numerosos
que os outros povos
– na verdade sois o menor de todos –
[8] mas, sim, porque o Senhor vos amou
e quis cumprir o juramento que fez a vossos pais.

Foi por isso que o Senhor vos fez sair com mão poderosa,
e vos resgatou da casa da escravidão,
das mãos do Faraó, rei do Egito.
[9] Saberás, pois, que o Senhor teu Deus
é o único Deus,
um Deus fiel,
que guarda a aliança
e a misericórdia até mil gerações,
para aqueles que o amam
e observam seus mandamentos;
[10] mas castiga diretamente aquele que o odeia,
fazendo-o perecer;
e não o deixa esperar,
mas dá-lhe imediatamente o castigo merecido.
[11] Guarda, pois, os mandamentos,
as leis e os decretos que hoje te prescrevo,
pondo-os em prática".
Palavra do Senhor.

156. Dt 10,12-22

O Senhor os amou e, depois deles,
foi à sua descendência que ele escolheu.

Leitura do Livro do Deuteronômio

Naqueles dias,
Moisés falou ao povo, dizendo:
[12] E agora, Israel,
o que é que o Senhor teu Deus te pede?
Apenas que o temas e andes em seus caminhos;
que ames e sirvas ao Senhor teu Deus,
com todo o teu coração e com toda a tua alma,
[13] e que guardes os mandamentos e preceitos
do Senhor,
que hoje te prescrevo para que sejas feliz.
[14] Vê: é ao Senhor teu Deus que pertencem os céus,
o mais alto dos céus, a terra e
tudo o que nela existe.
[15] No entanto, foi a teus pais
que o Senhor se afeiçoou e amou;
e, depois deles, foi à sua descendência,
isto é, a vós,
que ele escolheu entre todos os povos,
como hoje está provado.

[16] Abri, pois, o vosso coração,
e não endureçais mais vossa cerviz,
[17] porque o vosso Deus é o Deus dos deuses
e o Senhor dos senhores,
o Deus grande, poderoso e terrível,
que não faz acepção de pessoas nem aceita suborno.
[18] Ele faz justiça ao órfão e à viúva,
ama o estrangeiro e lhe dá alimento e roupa.
[19] Portanto, amai os estrangeiros,
porque vós também fostes estrangeiros na terra do Egito.
[20] Temerás o Senhor teu Deus e só a ele servirás;
a ele te apegarás e jurarás por seu nome.
[21] Ele é o teu louvor, ele é o teu Deus,
que fez por ti essas coisas grandes e terríveis
que viste com teus próprios olhos.
[22] Ao descerem para o Egito,
teus pais eram apenas setenta pessoas,
e agora o Senhor teu Deus te fez tão numeroso como as estrelas do céu".
Palavra do Senhor.

157. Is 49,13-15

Mesmo se alguma mulher esquecer do filho pequeno, eu, porém, não me esquecerei de ti.

Leitura do Livro do Profeta Isaías

[13] Louvai, ó céus, alegra-te, terra;
montanhas, fazei ressoar o louvor,
porque o Senhor consola o seu povo
e se compadece dos pobres.
[14] Disse Sião: "O Senhor abandonou-me,
o Senhor esqueceu-se de mim!"
[15] Acaso pode a mulher esquecer-se
do filho pequeno,
a ponto de não ter pena do fruto de seu ventre?
Se ela se esquecer, eu, porém,
não me esquecerei de ti.
Palavra do Senhor.

158. Jr 31,1-4

Amei-te com amor eterno.

Leitura do Livro do Profeta Jeremias

[1] Naquele tempo,
diz o Senhor,
serei Deus para todas as tribos de Israel,
e elas serão meu povo.
[2] Isto diz o Senhor:
"Encontrou perdão no deserto
o povo que escapara à espada;
Israel encaminha-se para o seu descanso".
[3] O Senhor apareceu-me de longe:
"Amei-te com amor eterno
e te atraí com a misericórdia.
[4] De novo te edificarei, serás reedificada,
ó jovem nação de Israel;
de novo teus tambores ornarão as praças
e sairás entre grupos de dançantes."
Palavra do Senhor.

159. Ez 34,11-16

Eu mesmo vou apascentar as minhas ovelhas e fazê-las repousar.

Leitura da Profecia de Ezequiel

[11] Assim diz o Senhor Deus:
Vede! Eu mesmo vou procurar minhas ovelhas
e tomar conta delas.
[12] Como o pastor toma conta do rebanho, de dia,
quando se encontra no meio
das ovelhas dispersas,
assim vou cuidar de minhas ovelhas
e vou resgatá-las de todos os lugares
em que forem dispersadas
num dia de nuvens e escuridão.
[13] Vou retirar minhas ovelhas do meio dos povos
e recolhê-las do meio dos países
para as conduzir à sua terra.
Vou apascentar as ovelhas
sobre os montes de Israel,
nos vales dos riachos
e em todas as regiões habitáveis do país.
[14] Vou apascentá-las em boas pastagens
e nos altos montes de Israel estará o seu abrigo.

Ali repousarão em prados verdejantes
e pastarão em férteis pastagens
sobre os montes de Israel.
[15] Eu mesmo vou apascentar as minhas ovelhas
e fazê-las repousar – oráculo do Senhor Deus.
[16] Vou procurar a ovelha perdida,
reconduzir a extraviada,
enfaixar a da perna quebrada,
fortalecer a doente, e vigiar
a ovelha gorda e forte.
Vou apascentá-las conforme o direito.
Palavra do Senhor.

160. Os 11,1. 3-4. 8c-9:

Meu coração comove-se no íntimo.

Leitura da Profecia de Oséias

Assim diz o Senhor:
[1] "Quando Israel era criança, eu já o amava,
e desde o Egito chamei meu filho.
[3] Ensinei Efraim a dar os primeiros passos,
tomei-o em meus braços,
mas eles não reconheceram que eu cuidava deles.

[4] Eu os atraía com laços de humanidade,
com laços de amor;
era para eles como quem leva
uma criança ao colo,
e rebaixava-me a dar-lhes de comer.
[8] Meu coração comove-se no íntimo
e arde de compaixão.
[9] Não darei largas à minha ira,
não voltarei a destruir Efraim,
eu sou Deus,
e não homem;
o santo no meio de vós,
e não me servirei do terror".
Palavra do Senhor.

Leituras do Novo Testamento

161. Rm 5,5-11

O amor de Deus foi derramado
em nossos corações.

Leitura da Carta de São Paulo aos Romanos

Irmãos:
[5] A esperança não decepciona,
porque o amor de Deus
foi derramado em nossos corações
pelo Espírito Santo que nos foi dado.
[6] Com efeito, quando éramos ainda fracos,
Cristo morreu pelos ímpios, no tempo marcado.
[7] Dificilmente alguém morrerá por um justo;
por uma pessoa muito boa,
talvez alguém se anime a morrer.
[8] Pois bem, a prova de que Deus nos ama
é que Cristo morreu por nós,
quando éramos ainda pecadores.
[9] Muito mais agora,
que já estamos justificados pelo sangue de Cristo,
seremos salvos da ira por ele.

[10] Quando éramos inimigos de Deus,
fomos reconciliados com ele
pela morte do seu Filho;
quanto mais agora, estando já reconciliados,
seremos salvos por sua vida!
[11] Ainda mais:
Nós nos gloriamos em Deus,
por nosso Senhor Jesus Cristo.
É por ele que, já desde o tempo presente,
recebemos a reconciliação.
Palavra do Senhor.

162. Ef 1,1-10

Segundo a riqueza da sua graça, que Deus derramou profusamente sobre nós.

Leitura da Carta de São Paulo aos Efésios

[3] Bendito seja Deus,
Pai de nosso Senhor Jesus Cristo.
Ele nos abençoou com toda a bênção
do seu Espírito
em virtude de nossa união com Cristo, no céu.

[4] Em Cristo, ele nos escolheu,
antes da fundação do mundo,
para que sejamos santos e irrepreensíveis
sob o seu olhar, no amor.
[5] Ele nos predestinou para sermos seus
filhos adotivos
por intermédio de Jesus Cristo,
conforme a decisão da sua vontade,
[6] para o louvor da sua glória
e da graça com que ele nos cumulou
no seu Bem-amado.
[7] Pelo seu sangue, nós somos libertados.
Nele, as nossas faltas são perdoadas,
segundo a riqueza da sua graça,
[8] que Deus derramou profusamente sobre nós,
abrindo-nos a toda a sabedoria e prudência.
[9] Ele nos fez conhecer o mistério da sua vontade,
o desígnio benevolente
que de antemão determinou em si mesmo,
[10] para levar à plenitude o tempo estabelecido
e recapitular em Cristo o universo inteiro:
tudo o que está nos céus e tudo o que está
sobre a terra.
Palavra do Senhor.

163. Ef 3,8-12

Anunciar aos pagãos a insondável riqueza de Cristo.

Leitura da Carta de São Paulo aos Efésios

Irmãos:
[8] Eu, que sou o último de todos os santos,
recebi esta graça de anunciar aos pagãos
a insondável riqueza de Cristo
[9] e de mostrar a todos como Deus realiza
o mistério desde sempre escondido nele,
o criador do universo.
[10] Assim, doravante, as autoridades
e poderes nos céus
conhecem, graças à Igreja,
a multiforme sabedoria de Deus,
[11] de acordo com o desígnio eterno
que ele executou em Jesus Cristo, nosso Senhor.
[12] Em Cristo nós temos, pela fé nele,
a liberdade de nos aproximarmos de Deus
com toda a confiança.
Palavra do Senhor.

164. Ef 3,14-19

Conhecer o amor de Cristo, que ultrapassa todo o conhecimento.

Leitura da Carta de São Paulo aos Efésios

Irmãos:
[14] Eu dobro os joelhos diante do Pai,
[15] de quem toda e qualquer família
recebe seu nome, no céu e sobre a terra.
[16] Que ele vos conceda, segundo a riqueza
da sua glória,
serdes robustecidos, por seu Espírito,
quanto ao homem interior,
[17] que ele faça habitar, pela fé,
Cristo em vossos corações,
que estejais enraizados e fundados no amor.
[18] Tereis assim a capacidade de compreender,
com todos os santos,
qual a largura, o comprimento,
a altura, a profundidade,
[19] e de conhecer o amor de Cristo,
que ultrapassa todo o conhecimento,
a fim de que sejais cumulados até
receber toda a plenitude de Deus.
Palavra do Senhor.

165. Fl 1,8-11

Com a ternura de Jesus.

Leitura da Carta de São Paulo aos Filipenses

Irmãos:
[8] Deus é testemunha de que tenho saudade
de todos vós,
com a ternura de Cristo Jesus.
[9] E isto eu peço a Deus:
que o vosso amor cresça sempre mais,
em todo o conhecimento e experiência,
[10] para discernirdes o que é o melhor.
E assim ficareis puros e sem defeito
para o dia de Cristo,
[11] cheios do fruto da justiça que nos vem por
Jesus Cristo,
para a glória e o louvor de Deus.
Palavra do Senhor.

166. 1Jo 4, 7-16

Foi Deus quem nos amou primeiro.

Leitura da Primeira Carta de São João

[7] Caríssimos, amemo-nos uns aos outros,
porque o amor vem de Deus
e todo aquele que ama
nasceu de Deus e conhece Deus.
[8] Quem não ama, não chegou a conhecer Deus,
pois Deus é amor.
[9] Foi assim que o amor de Deus se manifestou
entre nós:
Deus enviou o seu Filho único ao mundo,
para que tenhamos vida por meio dele.
[10] Nisto consiste o amor:
não fomos nós que amamos a Deus,
mas foi ele que nos amou
e enviou o seu Filho
como vítima de reparação pelos nossos pecados.
[11] Caríssimos, se Deus nos amou assim,
nós também devemos amar-nos uns aos outros.
[12] Ninguém jamais viu a Deus.
Se nos amamos uns aos outros,
Deus permanece conosco
e seu amor é plenamente realizado entre nós.

[13] A prova de que permanecemos com ele,
e ele conosco,
é que ele nos deu o seu Espírito.
[14] E nós vimos, e damos testemunho,
que o Pai enviou o seu Filho
como Salvador do mundo.
[15] Todo aquele que proclama
que Jesus é o Filho de Deus,
Deus permanece com ele,
e ele com Deus.
[16] E nós conhecemos o amor que Deus tem
para conosco,
e acreditamos nele.
Deus é amor:
quem permanece no amor,
permanece com Deus,
e Deus permanece com ele.
Palavra do Senhor.

167. Ap 3,14b.20-22

Tomaremos a refeição, eu com ele e ele comigo.

Leitura do Apocalipse de São João

14b "Assim fala o Amém,
a testemunha fiel e verdadeira,
o princípio da criação de Deus:
20 Eis que estou à porta, e bato;
se alguém ouvir minha voz e abrir a porta,
eu entrarei na sua casa e tomaremos a refeição,
eu com ele e ele comigo.
21 Ao vencedor farei sentar-se comigo no meu trono,
como também eu venci e estou sentado
com meu Pai no seu trono.
22 Quem tem ouvidos,
ouça o que o Espírito diz às Igrejas".
Palavra do Senhor.

168. Ap 5,6-12

Com teu sangue nos adquiriste para Deus.

Leitura do Apocalipse de São João

[6] Eu, João, vi um Cordeiro.
Estava no centro do trono e
dos quatro Seres vivos,
no meio dos Anciãos.
Estava de pé como que imolado.
O Cordeiro tinha sete chifres e sete olhos,
que são os sete Espíritos de Deus,
enviados por toda a terra.
[7] Então, o Cordeiro veio receber o livro
da mão direita daquele que está sentado no trono.
[8] Quando ele recebeu o livro,
os quatro Seres vivos e os vinte e quatro Anciãos
prostraram-se diante do Cordeiro.
Todos tinham harpas e taças de ouro
cheias de incenso,
que são as orações dos santos.
[9] E entoaram um cântico novo:
"Tu és digno de receber o livro e abrir seus selos,
porque foste imolado,
e com teu sangue adquiriste para Deus
homens de toda tribo, língua, povo e nação.

[10] Deles fizeste para o nosso Deus
um reino de sacerdotes.
E eles reinarão sobre a terra".
[11] Na minha visão,
ouvi a voz de numerosos anjos,
que estavam em volta do trono,
e dos Seres vivos e dos Anciãos.
Eram milhares de milhares, milhões de milhões,
[12] e proclamavam em alta voz:
"O Cordeiro imolado é digno de receber
o poder, a riqueza, a sabedoria e a força,
a honra, a glória e o louvor".
Palavra do Senhor.

Salmos responsoriais

169. Is 12,2-3.4bcd.5-6 (R. 3)

R. Com ale**gri**a bebe**reis** no mananci**al** da salva**ção.**

= [2]Eis o **Deus**, meu Salva**dor**, eu confio
e nada **te**mo; †
o Se**nhor** é minha força, meu lou**vor** e salvação.*
[3]Com ale**gri**a bebereis no mananci**al**
da salvação, R.

= [4b]e di**reis** naquele dia:
"Dai lou**vo**res ao Senhor, †
invo**cai** seu santo nome,
anunci**ai** suas maravilhas, *
entre os **po**vos proclamai
que seu **no**me é o mais sublime. R.

– [5]Louvai can**tan**do ao nosso Deus,
que fez pro**dí**gios e portentos, *
publi**cai** em toda a terra suas **gran**des maravilhas!
– [6]Exul**tai** cantando alegres, habi**tan**tes de Sião, *
porque é **gran**de em vosso meio
o Deus **San**to de Israel!" R.

170. Sl 22(23),1-3. 4. 5. 6 (R. 1)

R. O Se**nhor** é o pas**tor** que me con**duz**;
não me **fal**ta coisa al**gu**ma.

– [1]O Se**nhor** é o pas**tor** que me con**duz**; *
não me **fal**ta coisa al**gu**ma.
– [2]Pelos **pra**dos e campinas verdejantes *
ele me **le**va a descansar.
– Para as **á**guas repousantes me encaminha, *.
[3]e res**tau**ra as minhas forças. R.

– Ele me **gui**a no caminho mais seguro, *
pela **hon**ra do seu nome.
– [4]Mesmo que eu **pas**se pelo vale tenebroso, *
nenhum **mal** eu temerei;
– estais co**mi**go com bastão e com cajado; *
eles me **dão** a segurança! R

– [5]Prepa**rais** à minha frente uma mesa, *
bem à **vis**ta do inimigo,
– e com **ó**leo vós ungis minha cabeça; *
o meu **cá**lice transborda. R.

– [6]Felici**da**de e todo bem hão de seguir-me *
por **to**da a minha vida;
– e, na **ca**sa do Senhor, habitarei *
pelos **tem**pos infinitos. R.

171. Sl 24(25),4-5ab.6-7bc. 8-9.10 e 14 (R.6a)

R. Recor**dai**, Senhor meu **Deus**, vossa ter**nu**ra.

– [4]Mos**trai**-me, ó Se**nhor**, vossos ca**mi**nhos, *
e fa**zei**-me conhecer a vossa estrada!
– [5a]Vossa ver**da**de me oriente e me conduza, *
[5b]porque **sois** o Deus da minha salvação. R.

– [6]Recor**dai**, Senhor meu Deus, vossa ternura *
e a **vos**sa compaixão que são eternas!
– [7b]De mim lem**brai**-vos, porque sois misericórdia *
[7c]e sois bon**da**de sem limites, ó Senhor! R.

– [8]O Se**nhor** é piedade e retidão, *
e recon**duz** ao bom caminho os pecadores.
– [9]Ele di**ri**ge os humildes na justiça, *
e aos **po**bres ele ensina o seu caminho. R.

– [10]Verdade e a**mor** são os caminhos do Senhor *
para quem **guar**da sua Aliança e seus preceitos.
– [14]O Se**nhor** se torna íntimo aos que o temem *
e lhes **dá** a conhecer sua Aliança. R.

172. Sl 32(33),1-2.4-5.11-12.18-19 20-21 (R.5b)

R. Trans**bor**da em toda a **ter**ra a **gra**ça do Se**nhor**.

– [1]Ó **jus**tos, ale**grai**-vos no Se**nhor**! *
Aos **re**tos fica bem glorificá-lo.
– [2]Dai **gra**ças ao Senhor ao som da harpa, *
na **li**ra de dez cordas celebrai-o! R.

– [4]Pois **re**ta é a palavra do Senhor, *
e **tu**do o que ele faz merece fé.
– [5]Deus **a**ma o direito e a justiça, *
trans**bor**da em toda a terra a sua graça. R.

= [11]Mas os de**síg**nios do Senhor são para sempre, †
e os pensa**men**tos que ele traz no coração, *
de gera**ção** em geração, vão perdurar.
– [12]Feliz o **po**vo cujo Deus é o Senhor, *
e a na**ção** que escolheu por sua herança! R.

– [18]Mas o Se**nhor** pousa o olhar
sobre os que o temem, *
e que con**fi**am esperando em seu amor,
– [19]para da **mor**te libertar as suas vidas *
e alimen**tá**-los quando é tempo de penúria. R.

– [20]No Se**nhor** nós esperamos confiantes, *
porque **e**le é nosso auxílio e proteção!
– [21]Por isso o **nos**so coração se alegra nele, *
seu santo **no**me é nossa única esperança. R.

173. Sl 33(34),2-3.4-5.6-7 (R.9a)

R. Provai e **ve**de quão su**a**ve é o Se**nhor**!

– [2]Bendi**rei** o Senhor **Deus** em todo o **tem**po, *
seu lou**vor** estará sempre em minha boca.
– [3]Minha **al**ma se gloria no Senhor; *
que **ou**çam os humildes e se alegrem! R.

– [4]Co**mi**go engrandecei ao Senhor Deus, *
exal**te**mos todos juntos o seu nome!
– [5]Todas as **ve**zes que o busquei, ele me ouviu, *
e de **to**dos os temores me livrou. R.

– [6]Contem**plai** a sua face e alegrai-vos, *
e vosso **ros**to não se cubra de vergonha!
– [7]Este infe**liz** gritou a Deus, e foi ouvido, *
e o Se**nhor** o libertou de toda angústia. R.

174. Sl 102(103),1-2.3-4.6-7.8 e 10 (R.17)

R. O a**mor** do Senhor **Deus**
para **to**dos que o res**pei**tam,
e**xis**te desde **sem**pre e para **sem**pre existi**rá**.

– [1]Ben**di**ze, ó minha **al**ma, ao Se**nhor**, *
e **to**do o meu ser, seu santo nome!
– [2]Ben**di**ze, ó minha alma, ao Senhor, *
não te es**que**ças de nenhum de seus favores! R.

– [3]Pois **e**le te perdoa toda culpa, *
e **cu**ra toda a tua enfermidade;
– [4]da sepul**tu**ra ele salva a tua vida *
e te **cer**ca de carinho e compaixão. R.

– [6]O Se**nhor** realiza obras de justiça *
e ga**ran**te o direito aos oprimidos;
– [7]reve**lou** os seus caminhos a Moisés, *
e aos **fi**lhos de Israel, seus grandes feitos. R.

– [8]O Se**nhor** é indulgente, é favorável, *
é paci**en**te, é bondoso e compassivo.
– [10]Não nos **tra**ta como exigem nossas faltas, *
nem nos **pu**ne em proporção às nossas culpas. R.

Aleluia e Versículos antes do Evangelho

Na Quaresma, em vez do Aleluia, o refrão pode ser:

R. Lou**vor** e **gló**ria a **ti**, Se**nhor**, Cristo,
Palavra de **Deus**!

175. Cf. Mt 11,25

R. Ale**lu**ia, ale**lu**ia, ale**lu**ia.

V. Graças te **dou**, ó Pai, Se**nhor** do céu e da **ter**ra,
pois reve**las**te os mis**té**rios do teu **Rei**no aos
peque**ni**nos, escon**den**do-os aos dou**to**res! R.

176. Mt 11,28

R. Ale**lu**ia, ale**lu**ia, ale**lu**ia.

V. Vinde a **mim**, todos **vós** que estais can**sa**dos,
e des**can**so eu vos da**rei**, diz o Se**nhor**. R.

177. Mt 11,29ab

R. Ale**lu**ia, ale**lu**ia, ale**lu**ia.

V. Tomai meu **ju**go sobre **vós** e apren**dei** de mim
que **sou** de cora**ção** humilde a **man**so! R.

178. Jo 10,14

R. Ale**lui**a, ale**lui**a, ale**lu**ia.

R. Eu **sou** o bom Pas**tor**, co**nhe**ço minhas o**ve**lhas
e **e**las me co**nhe**cem, assim **fa**la o Se**nhor**. R.

179. Jo 15,9

R. Ale**lui**a, ale**lui**a, ale**lu**ia.

V. Como o **Pai** me a**mou**, também **eu** vos a**mei**;
perma**ne**cei no meu a**mor**, assim **fa**la o Se**nhor**. R.

180. 1Jo 4,10b

R. Ale**lui**a, ale**lui**a, ale**lu**ia.

V. Por a**mor**, Deus envi**ou**-nos o seu **Fi**lho,
como **ví**tima por **nos**sas transgres**sões**. R.

Evangelhos

181. Mt 11,25-30

Sou manso e humilde de coração.

✠ Proclamação do Evangelho de Jesus Cristo segundo Mateus

[25] Naquele tempo, Jesus pôs-se a dizer:
"Eu te louvo, ó Pai, Senhor do céu e da terra,
porque escondeste estas coisas aos sábios
e entendidos
e as revelaste aos pequeninos.
[26] Sim, Pai, porque assim foi do teu agrado.
[27] Tudo me foi entregue por meu Pai,
e ninguém conhece o Filho, senão o Pai,
e ninguém conhece o Pai, senão o Filho
e aquele a quem o Filho o quiser revelar.
[28] Vinde a mim todos vós que estais cansados
e fatigados sob o peso dos vossos fardos,
e eu vos darei descanso.
[29] Tomai sobre vós o meu jugo e aprendei de mim,
porque sou manso e humilde de coração,
e vós encontrareis descanso.
[30] Pois o meu jugo é suave e o meu fardo é leve".
Palavra da Salvação.

182. Lc 15,1-10

Haverá alegria no céu por um só pecador que se converte.

✠ Proclamação do Evangelho de Jesus Cristo segundo Lucas

Naquele tempo,
[1] os publicanos e pecadores
aproximavam-se de Jesus para o escutar.
[2] Os fariseus, porém,
e os mestres da Lei criticavam Jesus.
"Este homem acolhe os pecadores
e faz refeição com eles".
[3] Então Jesus contou-lhes esta parábola:
[4] "Se um de vós tem cem ovelhas e perde uma,
não deixa as noventa e nove no deserto,
e vai atrás daquela que se perdeu,
até encontrá-la?
[5] Quando a encontra,
coloca-a nos ombros com alegria,
[6] e, chegando em casa,
reúne os amigos e vizinhos,
e diz:
'Alegrai-vos comigo!
Encontrei a minha ovelha que estava perdida!'

[7] Eu vos digo:
Assim haverá no céu mais alegria
por um só pecador que se converte,
do que por noventa e nove justos
que não precisam de conversão.
[8] E se uma mulher tem dez moedas de prata
e perde uma,
não acende uma lâmpada,
varre a casa e a procura cuidadosamente,
até encontrá-la?
[9] Quando a encontra,
reúne as amigas e vizinhas, e diz:
'Alegrai-vos comigo!
Encontrei a moeda que tinha perdido!'
[10] Por isso, eu vos digo,
haverá alegria entre os anjos de Deus
por um só pecador que se converte".
[11] E Jesus continuou:
"Um homem tinha dois filhos.
[12] O filho mais novo disse ao pai:
'Pai, dá-me a parte da herança que me cabe'.
E o pai dividiu os bens entre eles.
[13] Poucos dias depois,
o filho mais novo juntou o que era seu
e partiu para um lugar distante.
E ali esbanjou tudo numa vida desenfreada.

[14] Quando tinha gasto tudo o que possuía,
houve uma grande fome naquela região,
e ele começou a passar necessidade.
[15] Então foi pedir trabalho a um homem do lugar,
que o mandou para seu campo cuidar dos porcos.
Palavra da Salvação.

183. Lc 15,1-3.11-32

Era preciso festejar e alegrar-nos,
porque este teu irmão estava morto
e tornou a viver.

✠ Proclamação do Evangelho de Jesus Cristo segundo Lucas

Naquele tempo:
[1] Os publicanos e pecadores
aproximavam-se de Jesus para o escutar.
[2] Os fariseus, porém,
e os mestres da Lei criticavam Jesus.
"Este homem acolhe os pecadores
e faz refeição com eles".
[3] Então Jesus contou-lhes esta parábola:
[11] "Um homem tinha dois filhos.
[12] O filho mais novo disse ao pai:
'Pai, dá-me a parte da herança que me cabe'.
E o pai dividiu os bens entre eles.

[13] Poucos dias depois,
o filho mais novo juntou o que era seu
e partiu para um lugar distante.
E ali esbanjou tudo numa vida desenfreada.
[14] Quando tinha gasto tudo o que possuía,
houve uma grande fome naquela região,
e ele começou a passar necessidade.
[15] Então foi pedir trabalho a um homem do lugar,
que o mandou para seu campo cuidar dos
porcos.
[16] O rapaz queria matar a fome
com a comida que os porcos comiam,
mas nem isto lhe davam.
[17] Então caiu em si e disse:
'Quantos empregados do meu pai
têm pão com fartura,
e eu aqui, morrendo de fome.
[18] Vou-me embora, vou voltar para meu pai e
dizer-lhe:
'Pai, pequei contra Deus e contra ti;
[19] já não mereço ser chamado teu filho.
Trata-me como a um dos teus empregados'.
[20] Então ele partiu e voltou para seu pai.
Quando ainda estava longe, seu pai o avistou
e sentiu compaixão.
Correu-lhe ao encontro, abraçou-o,
e cobriu-o de beijos.

[21] O filho, então, lhe disse:
'Pai, pequei contra Deus e contra ti.
Já não mereço ser chamado teu filho'.
[22] Mas o pai disse aos empregados:
'Trazei depressa a melhor túnica
para vestir meu filho.
E colocai um anel no seu dedo
e sandálias nos pés.
[23] Trazei um novilho gordo e matai-o.
Vamos fazer um banquete.
[24] Porque este meu filho estava morto
e tornou a viver;
estava perdido e foi encontrado'.
E começaram a festa.
[25] O filho mais velho estava no campo.
Ao voltar, já perto de casa,
ouviu música e barulho de dança.
[26] Então chamou um dos criados
e perguntou o que estava acontecendo.
[27] O criado respondeu:
'É teu irmão que voltou.
Teu pai matou o novilho gordo,
porque o recuperou com saúde'.
[28] Mas ele ficou com raiva e não queria entrar.
O pai, saindo, insistia com ele.
[29] Ele, porém, respondeu ao pai:
'Eu trabalho para ti há tantos anos,
jamais desobedeci a qualquer ordem tua.

E tu nunca me deste um cabrito
para eu festejar com meus amigos.
[30] Quando chegou esse teu filho,
que esbanjou teus bens com prostitutas,
matas para ele o novilho cevado'.
[31] Então o pai lhe disse:
'Filho, tu estás sempre comigo,
e tudo o que é meu é teu.
[32] Mas era preciso festejar e alegrar-nos,
porque este teu irmão estava morto
e tornou a viver;
estava perdido, e foi encontrado' ".
Palavra da Salvação.

184. Jo 10,11-18

O bom pastor dá a vida por suas ovelhas.

✠ Proclamação do Evangelho de Jesus Cristo segundo João

Naquele tempo, disse Jesus aos seus discípulos:
11 "Eu sou o bom pastor.
O bom pastor dá a vida por suas ovelhas.
12 O mercenário, que não é pastor
e não é dono das ovelhas,
vê o lobo chegar,
abandona as ovelhas e foge,
e o lobo as ataca e dispersa.
13 Pois ele é apenas um mercenário
e não se importa com as ovelhas.
14 Eu sou o bom pastor.
Conheço as minhas ovelhas,
e elas me conhecem,
15 assim como o Pai me conhece
e eu conheço o Pai.
Eu dou minha vida pelas ovelhas.
16 Tenho ainda outras ovelhas que não são deste redil:
também a elas devo conduzir;
escutarão a minha voz,
e haverá um só rebanho e um só pastor.

[17] É por isso que o Pai me ama,
porque dou a minha vida,
para depois recebê-la novamente.
[18] Ninguém tira a minha vida,
eu a dou por mim mesmo;
tenho poder de entregá-la
e tenho poder de recebê-la novamente;
esta é a ordem que recebi do meu Pai".
Palavra da Salvação.

185. Jo 15,1-8

Permanecei em mim e eu permanecerei em vós.

✠ Proclamação do Evangelho de Jesus Cristo segundo João

Naquele tempo, disse Jesus a seus discípulos:
[1] "Eu sou a videira verdadeira
e meu Pai é o agricultor.
[2] Todo ramo que em mim não dá fruto
ele o corta;
e todo ramo que dá fruto,
ele o limpa, para que dê mais fruto ainda.
[3] Vós já estais limpos
por causa da palavra que eu vos falei.
[4] Permanecei em mim
e eu permanecerei em vós.
Como o ramo não pode dar fruto por si mesmo,
se não permanecer na videira,
assim também vós não podereis dar fruto,
se não permanecerdes em mim.
[5] Eu sou a videira e vós os ramos.
Aquele que permanece em mim, e eu nele,
esse produz muito fruto;
porque sem mim nada podeis fazer.
[6] Quem não permanecer em mim,
será lançado fora como um ramo e secará.

Tais ramos são recolhidos,
lançados no fogo e queimados.
[7] Se permanecerdes em mim
e minhas palavras permanecerem em vós,
pedi o que quiserdes
e vos será dado.
[8] Nisto meu Pai é glorificado:
que deis muito fruto
e vos torneis meus discípulos".
Palavra da Salvação.

186. Jo 15,9-17

Este é o meu mandamento:
amai-vos uns aos outros, assim como eu vos amei.

✠ Proclamação do Evangelho de Jesus Cristo segundo João

Naquele tempo, disse Jesus aos seus discípulos:
[9] "Como meu Pai me amou,
assim também eu vos amei.
Permanecei no meu amor.
[10] Se guardardes os meus mandamentos,
permanecereis no meu amor,
assim como eu guardei os mandamentos
do meu Pai
e permaneço no seu amor.
[11] Eu vos disse isto,
para que a minha alegria esteja em vós
e a vossa alegria seja plena.
[12] Este é o meu mandamento:
amai-vos uns aos outros,
assim como eu vos amei.
[13] Ninguém tem amor maior
do que aquele que dá sua vida pelos amigos.
[14] Vós sois meus amigos,
se fizerdes o que eu vos mando.

[15] Já não vos chamo servos,
pois o servo não sabe o que faz o seu senhor.
Eu chamo-vos amigos,
porque vos dei a conhecer
tudo o que ouvi de meu Pai.
[16] Não fostes vós que me escolhestes,
mas fui eu que vos escolhi
e vos designei para irdes e
para que produzais fruto
e o vosso fruto permaneça.
O que, então, pedirdes ao Pai em meu nome,
ele vo-lo concederá.
[17] Isto é o que vos ordeno:
amai-vos uns aos outros".
Palavra da Salvação.

187. Jo 17,20-26

Tu os amaste, como me amaste a mim.

✠ Proclamação do Evangelho de Jesus Cristo segundo João

Naquele tempo,
Jesus ergueu os olhos o céu e rezou,
dizendo:
20 "Eu não te rogo somente por eles,
mas também por aqueles
que vão crer em mim pela sua palavra;
21 para que todos sejam um
como tu, Pai, estás em mim e eu em ti,
e para que eles estejam em nós,
a fim de que o mundo creia que tu me enviaste.
22 Eu dei-lhes a glória que tu me deste,
para que eles sejam um,
como nós somos um:
23 eu neles e tu em mim,
para que assim eles cheguem à unidade perfeita
e o mundo reconheça que tu me enviaste
e os amaste, como me amaste a mim.

[24] Pai, aqueles que me deste,
quero que estejam comigo onde eu estiver,
para que eles contemplem a minha glória,
glória que tu me deste
porque me amaste antes da fundação do universo.
[25] Pai justo, o mundo não te conheceu,
mas eu te conheci,
e estes também conheceram que tu me enviaste.
[26] Eu lhes fiz conhecer o teu nome,
e o tornarei conhecido ainda mais,
para que o amor com que me amaste esteja neles,
e eu mesmo esteja neles".
Palavra da Salvação.

188. Jo 19,31-37

Um soldado abriu-lhe o lado com uma lança
e logo saiu sangue e água.

✠ Proclamação do Evangelho de Jesus Cristo segundo João

[31] Era o dia da preparação para a Páscoa.
Os judeus queriam evitar
que os corpos ficassem na cruz
durante o sábado,
porque aquele sábado era dia de festa solene.
Então pediram a Pilatos
que mandasse quebrar as pernas
aos crucificados
e os tirasse da cruz.
[32] Os soldados foram
e quebraram as pernas de um e depois do outro
que foram crucificados com Jesus.
[33] Ao se aproximarem de Jesus,
e vendo que já estava morto,
não lhe quebraram as pernas;
[34] mas um soldado abriu-lhe o lado
com uma lança,
e logo saiu sangue e água.

[35] Aquele que viu dá testemunho
e seu testemunho é verdadeiro;
e ele sabe que fala a verdade,
para que vós também acrediteis.
[36] Isso aconteceu para que se cumprisse a Escritura,
que diz:
"Não quebrarão nenhum dos seus ossos".
[37] E outra Escritura ainda diz:
"Olharão para aquele que transpassaram".
Palavra da Salvação.

II. OUTRA FÓRMULA DE SAUDAÇÃO

189. A graça e a paz de Deus, nosso Pai,
e de Jesus Cristo, nosso Senhor,
estejam convosco.

Todos respondem:

Bendito seja Deus que nos reuniu
no amor de Cristo.

III. OUTRAS FÓRMULAS DE ATO PENITENCIAL

190. O ministro convida os fiéis à penitência:

Irmãos e irmãs,
reconheçamos os nossos pecados,
para participarmos dignamente
desta santa celebração.

Após um momento de silêncio, o ministro diz:

Tende compaixão de nós, Senhor.

Todos respondem:

Porque somos pecadores.

O ministro:

Manifestai, Senhor, a vossa misericórdia.

Todos respondem:

E dai-nos a vossa salvação.

O ministro conclui:

Deus todo-poderoso tenha compaixão de nós,
perdoe os nossos pecados
e nos conduza à vida eterna.

Todos respondem:

Amém.

Ou:

191. O ministro convida os fiéis à penitência:

Irmãos e irmãs,
reconheçamos os nossos pecados,
para participarmos dignamente
desta santa celebração.

Faz-se um momento de silêncio. Em seguida, o ministro ou algum dos presentes propõe as seguintes invocações ou outras semelhantes, com o *Senhor tende piedade de nós*:

Senhor, que pelo vosso mistério pascal
nos obtivestes a salvação,
tende piedade de nós.

Todos:

Senhor, tende piedade de nós.

Ministro:

Cristo, que não cessais de renovar entre nós
as maravilhas da vossa paixão,
tende piedade de nós.

Todos:

Cristo, tende piedade de nós.

Ministro:

Senhor, que pela recepção do vosso Corpo,
nos tornais participantes do sacrifício pascal,
tende piedade de nós.

Todos:

Senhor, tende piedade de nós.

O ministro conclui:

Deus todo-poderoso tenha compaixão de nós,
perdoe os nossos pecados
e nos conduza à vida eterna.

Todos respondem:

Amém.

IV. HINOS

Por ocasião da bênção que encerra a adoração, sobretudo quando for mais breve, pode-se cantar apenas a última parte deste hino a partir do asterisco (*): Tão sublime sacramento.

192. **Pange, Lingua**

Vamos todos louvar juntos
o mistério do amor,
pois o preço deste mundo
foi o sangue redentor,
recebido de Maria,
que nos deu o Salvador.

Veio ao mundo por Maria,
foi por nós que ele nasceu.
Ensinou sua doutrina,
com os homens conviveu.
No final de sua vida,
um presente ele nos deu.

Observando a Lei mosaica,
se reuniu com os irmãos.
Era noite. Despedida.

Numa ceia: refeição.
Deu-se aos doze em alimento,
pelas suas próprias mãos.

A Palavra do Deus vivo
transformou o vinho e o pão
no seu sangue e no seu corpo
para a nossa salvação.
O milagre nós não vemos,
basta a fé no coração.

*Tão sublime sacramento
adoremos neste altar,
pois o Antigo Testamento
deu ao Novo seu lugar.
Venha a fé por suplemento
os sentidos completar.

Ao Eterno Pai cantemos
e a Jesus, o Salvador.
Ao Espírito exaltemos,
na Trindade, eterno amor.
Ao Deus Uno e Trino demos
a alegria do louvor.
Amém.

193. Sacris Sollemniis

A Santa Festa alegres celebremos,
vibre o louvor em nossos corações;
termine o velho e tudo seja novo:
o coração, a voz, as ações.

Da Última Ceia a noite recordamos,
em que Jesus se deu, Cordeiro e Pão;
conforme as leis entregues aos antigos,
ele também se entrega a seus irmãos.

Aos fracos deu seu corpo em alimento,
aos tristes deu seu sangue por bebida.
Diz: "Recebei o cálice com vinho,
dele bebei, haurindo eterna vida".

Instituído estava o sacrifício,
que aos seus ministros Cristo confiou.
Devem tomá-lo e dá-lo aos seus irmãos,
seguindo assim as ordens do Senhor.

O Pão dos anjos fez-se pão dos homens,
o pão do céu põe término às figuras.
Oh maravilha: a carne do Senhor
é dada a pobres, frágeis criaturas.
A vós, ó Una e Trina Divindade,
pedimos: Vinde, ó Deus, nos visitai
e pela santa estrada conduzi-nos
à nossa meta, à luz onde habitais.

194. **Verbum Supernum**

Eis que o Verbo, habitando entre nós,
sem do Pai ter deixado a direita,
chega ao fim de seus dias na terra,
completando uma obra perfeita.

Conhecendo o Senhor quem iria
entregá-lo na mão do homicida,
quis aos doze entregar-se primeiro,
qual perfeito alimento da vida.

E debaixo de duas espécies
o seu corpo e seu sangue nos deu:
alimento vital para o homem
que se nutre do Corpo de Deus.

No presépio quis ser companheiro,
como pão numa ceia se deu.
Foi na cruz nosso preço e resgate,
e será nosso prêmio no céu.

Hóstia pura, trazeis salvação,
e do céu nos abristes a porta.
Inimigos apertam o cerco,
dai-nos força que anima e conforta.

Ao Deus Uno e Trino, o louvor,
toda a glória e poder sempiterno,
e a vida sem fim nos conceda
lá na Pátria, no reino eterno.
Amém.

195. **Iesu, Nostra Redemptio**

Jesus, redenção nossa,
nosso anelo e nosso amor,
novo Rei dos novos tempos
e dos seres Criador.

Que clemência vos venceu
para os crimes carregar,
e, na cruz sofrendo a morte,
doutra morte nos livrar?

À mansão dos mortos indo,
os cativos libertar,
e do Pai à mão direita
triunfante vos sentar?

Esta mesma piedade
nos liberte dos pecados,
e ao clarão de vossa face
nós seremos saciados.

Nosso prêmio no futuro,
nosso gozo sois também.
Sede sempre nossa glória
pelos séculos. Amém.

196. Aeterne Rex Altissime

Ó Senhor, Rei eterno e sublime,
dos fiéis imortal Redentor!
Morre a morte, por vós destruída,
e triunfa, por graça, o amor.

Sobre o trono celeste elevado,
à direita do Pai vos sentais,
e um poder é a vós concedido,
que é do céu, não pertence aos mortais,

Para que todo ser que criastes
nos abismos, na terra, ou nos céus
ante vós, de joelhos, se incline,
com respeito, adorando seu Deus.
Tremem anjos, perante a mudança
que o destino dos homens sofreu:
peca a carne e a carne redime,
reina a carne no Verbo de Deus.

Sois, Senhor, nosso gozo e delícia,
que a alegria do mundo ofuscais.
Sois também nosso prêmio perene,
vós que a todo o universo guiais.

Suplicantes, portanto, rogamos:
Nossas culpas, Senhor, perdoai.
Pela força da graça divina,
nossas mentes a vós elevai.

Quando em glória voltardes na nuvem,
a julgar as nações reunidas,
afastai os devidos castigos,
dai de novo as coroas perdidas.

Honra a vós, ó Jesus glorioso,
que às alturas dos céus ascendeis.
Com o Pai e Espírito Santo
pelos séculos sem fim reinareis.
Amém.

197. Lauda, Sion

Esta seqüência é cantada na íntegra ou a partir do asterisco (*): Eis o pão que os anjos comem.

Terra, exulta de alegria,
louva teu pastor e guia,
com teus hinos, tua voz!

Quanto possas, tanto ouses,
em louvá-lo não repouses:
sempre excede o teu louvor!

Hoje a Igreja te convida:
ao pão vivo que dá vida
vem com ela celebrar!

Este pão – que o mundo creia!
por Jesus, na santa ceia,
foi entregue aos que escolheu.

Nosso júbilo cantemos,
nosso amor manifestemos,
pois transborda o coração!

Quão solene a festa, o dia,
que da santa Eucaristia
nos recorda a instituição!
Novo Rei e nova mesa,
nova Páscoa e realeza,
foi-se a páscoa dos judeus.

Era sombra o antigo povo,
o que é velho cede ao novo:
foge a noite, chega a luz.

O que o Cristo faz na ceia,
manda à Igreja que o rodeia
repeti-lo até voltar.

Seu preceito conhecemos:
pão e vinho consagremos
para nossa salvação.

Faz-se carne o pão de trigo,
faz-se sangue o vinho amigo:
deve-o crer todo cristão.

Se não vês nem compreendes,
gosto e vista tu transcendes,
elevado pela fé.

Pão e vinho, eis o que vemos;
mas ao Cristo é que nós temos
em tão ínfimos sinais.

Alimento verdadeiro,
permanece o Cristo inteiro
quer no vinho, quer no pão.

É por todos recebido,
não em parte ou dividido,
pois inteiro é que se dá!

Um ou mil comungam dele,
tanto este quanto aquele:
multiplica-se o Senhor.

Dá-se ao bom como ao perverso,
mas o efeito é bem diverso:
vida e morte traz em si.

Pensa bem: igual comida,
se ao que é bom enche de vida,
traz a morte para o mau.

Eis a hóstia dividida...
Quem hesita, quem duvida?
Como é toda o autor da vida,
a partícula também.
Jesus não é atingido:
o sinal é que é partido;
mas não é diminuído,
nem se muda o que contém.

*Eis o pão que os anjos comem
transformado em pão do homem;
só os filhos o consomem:
não será lançado aos cães!

Em sinais prefigurado,
por Abraão foi imolado,
no cordeiro aos pais foi dado,
no deserto, foi maná.

Bom pastor, pão de verdade,
piedade, ó Jesus, piedade,
conservai-nos na unidade,
extingui nossa orfandade,
transportai-nos para o Pai!

Aos mortais dando comida,
dais também o pão da vida;
que a família assim nutrida
seja um dia reunida
aos convivas lá do céu!

198. Adoro Te Devote

Ó Deus verdadeiro,
sob o vinho e o pão,
a teus pés depomos
nosso coração.

Vista, gosto e tato
dizem-nos que não,
mas o ouvido acolhe
tua afirmação.

Cremos que é verdade,
ó Filho de Deus,
tudo o que ensinaste,
porque vens dos céus.

Na cruz escondias
o esplendor de Deus;
mas aqui se ocultam
corpo e sangue teus.

Pois és Deus e homem
como na Paixão;
dá-nos o que deste
ao teu bom ladrão.

Não vemos as chagas
como viu Tomé,
mas Deus proclamamos
com a mesma fé.

Dá-nos cada dia
crer que és Senhor,
única esperança,
todo o nosso amor.

Lembras tua morte
numa refeição,
e dás vida ao homem,
consagrando o pão.

Dá-nos nesta terra
só de ti viver
e outros alimentos
não apetecer.

Ó bom pelicano,
nosso Salvador,
limpa no teu sangue
todo pecador!

Dele uma só gota
lava todo mal,
faz do mundo inteiro
lúcido cristal.

Jesus, que encoberto
temos sobre o altar,
quando te veremos
ante o nosso olhar?

Quando face a face
nos trará assim
a alegria eterna
da visão sem fim?
Amém.

198a. Deus de Amor

Deus de amor, nós te adoramos neste Sacramento,
Corpo e Sangue que fizeste nosso alimento.
És o Deus escondido, vivo e vencedor,
A teus pés depositamos todo nosso amor.

Meus pecados redimiste sobre a tua cruz,
Com teu corpo e com teu sangue,
ó Senhor Jesus!
Sobre os nossos altares, vítima sem par,
Teu divino sacrifício queres renovar.

No calvário se escondia tua divindade,
Mas aqui também se esconde tua humanidade:
Creio em ambas e peço, como o bom ladrão,
No teu reino, eternamente, tua salvação.

Creio em ti ressuscitado, mais que São Tomé.
Mas aumenta na minh'alma o poder da fé.
Guarda a minha esperança, cresce o meu amor.
Creio em ti ressuscitado, meu Deus e Senhor!

Ó Jesus que nesta vida pela fé eu vejo,
Realiza, eu te suplico, este meu desejo:
Ver-te, enfim, face a face, meu divino amigo,
Lá no céu, eternamente, ser feliz contigo.

199. Ubi Caritas

Antífona:

Onde o amor e a caridade, Deus está.

Congregou-nos num só corpo
o amor de Cristo;
exultemos, pois, e nele jubilemos.
Ao Deus vivo nós temamos
mas amemos;
e, sinceros, uns aos outros,
nos queiramos.

Antífona:

Onde o amor e a caridade, Deus está.

Todos juntos num só corpo
congregados,
pela mente não sejamos
separados.
Cessem lutas, cessem rixas,
dissensões,
mas esteja em nosso meio
Cristo Deus!

Antífona:

Onde o amor e a caridade, Deus está.

Junto um dia com os eleitos
nós vejamos vossa face gloriosa
que adoramos.
Alegria que é imensa,
que enche os céus:
ver por toda a eternidade
Cristo Deus.
Amém.

Poderão também ser usados outros cantos que constem da Liturgia das Horas e celebrem o mistério pascal.

V. ANTÍFONAS

200. Ó sagrado banquete de que somos os convivas,
no qual recebemos o Cristo em comunhão!
Nele se recorda a sua paixão,
nosso coração se enche de graça
e nos é dado o penhor da glória que há de vir.

Para o canto:

O céu nos deu refeição
onde o alimento é Jesus,
que, recordando a Paixão,
nos traz os frutos da Cruz
e todo o povo cristão
à glória eterna conduz.

201. Quão suave, Senhor, é a ternura
que para com teus filhos demonstraste:
do céu nos deste um pão que é só doçura,
e alimento do pobre te tornaste!

202. Salve, ó Corpo verdadeiro,
que da Virgem Mãe nasceste,
e, salvando o mundo inteiro,
sobre a cruz te ofereceste.

Do teu lado, transpassado,
sangue e água derramaste;
sejas na morte provado
por aqueles que salvaste!

Jesus, fonte de alegria,
alimento da unidade;
Jesus, filho de Maria,
Salvador da humanidade!

203. Sou o pão que traz a vida,
que por vós desceu dos céus:
vive sempre quem se nutre
deste pão, corpo de Deus.

Dou ao mundo a minha carne,
que da morte triunfou;
dou aos homens o meu sangue,
que aos escravos libertou.

VI. ACLAMAÇÕES OU RESPONSÓRIOS

204. Dizia no deserto o povo antigo:
"Já não queremos mais este maná,
pois das carnes do Egito nos lembramos.
Quem um novo alimento nos dará"?

Tomou Jesus o pão na última ceia,
e o abençoou, partiu e deu aos seus:
"Tomai, todos, comei: isto é o meu corpo".
Quão imenso por nós o amor de Deus!

205. Eu sou o pão da vida que desceu do céu.
Comeram vossos pais o maná, e morreram.
O que comer de mim viverá eternamente.

206. Reconhecei no pão o que da cruz pendeu,
no cálice adorai o sangue que escorreu;
comei cheios de fé o Corpo do Senhor,
bebei com alegria o Sangue salvador.
No pão juntam-se os grãos moídos pela mó,
unidos pelo amor agora sois um só:
comendo deste pão, não mais vos separeis;
é o sangue salvador: bebei, não hesiteis.

207. De um só cálice bebemos
e comemos de um só pão:
um só corpo nos tornemos,
uma alma e um coração.

Preparou Deus para os pobres
alimento de união.
É o Senhor que nos reúne:
eis a nossa refeição.

208. Grande banquete um homem preparou,
logo em seguida os servos enviou.
Foram por toda parte a convidar:
"Tudo está pronto, já podeis entrar!
Vinde, comei o pão que preparei;
também meu vinho é para vós: bebei".

209. Como o Pai me enviou
e eu vivo pelo Pai,
vivei também de mim,
meu Corpo comungai!

Em santa comunhão
vivei do meu amor,
comendo o pão do céu,
o Corpo do Senhor.

VII. ORAÇÕES DEPOIS DA COMUNHÃO

210. Ó Deus,
que pelo mistério pascal do vosso Filho unigênito,
levastes à plenitude a obra da salvação
dos seres humanos,
concedei-nos que,
proclamando com fé a morte
e a ressurreição do vosso Filho
nos sinais do sacramento,
sintamos crescer continuamente em nós
a graça da vossa salvação.
Por Cristo, nosso Senhor.

211. Penetrai-nos, ó Deus,
com o vosso Espírito de caridade,
para que vivam unidos no vosso amor,
os que alimentais com o mesmo pão.
Por Cristo, nosso Senhor.

212. Santificai-nos, ó Deus,
pela comunhão à vossa mesa,
para que o Corpo e o Sangue de Cristo
unam todos os irmãos e irmãs.
Por Cristo, nosso Senhor.

213. Alimentados pelo pão espiritual,
nós vos suplicamos, ó Deus,
que pela participação nesta Eucaristia,
nos ensineis a julgar com sabedoria
os valores terrenos,
e colocar nossas esperanças nos bens eternos.
Por Cristo, nosso Senhor.

214. Nós comungamos, Senhor Deus,
no mistério da vossa glória,
e nos empenhamos em render-vos graças,
porque nos concedeis, ainda na terra,
participar das coisas do céu.
Por Cristo, nosso Senhor.

215. Deus todo-poderoso,
que refazeis as nossas forças
pelos vossos sacramentos,
nós suplicamos a graça de vos servir
por uma vida que vos agrade.
Por Cristo, nosso Senhor.

216. Ó Deus, vós quisestes que participássemos
do mesmo Pão e do mesmo Cálice;
fazei-nos viver de tal modo unidos em Cristo,
que tenhamos a alegria
de produzir muitos frutos
para a salvação do mundo.
Por Cristo, nosso Senhor.

217. Restaurados à vossa mesa pelo Pão da vida,
nós vos pedimos, ó Deus,
que este alimento da caridade
fortifique os nossos corações
e nos leve a vos servir em
nossos irmãos e irmãs.
Por Cristo, nosso Senhor.

218. Fortificados por este alimento sagrado,
nós vos damos graças, ó Deus,
e imploramos vossa clemência;
fazei que perseverem na sinceridade
do vosso amor
aqueles que fortalecestes
pela infusão do Espírito Santo.
Por Cristo, nosso Senhor.

219. Alimentados com o mesmo pão,
nós vos pedimos, ó Deus,
que possamos viver uma vida nova
e perseverar no vosso amor.
Por Cristo, nosso Senhor.

No Tempo pascal:

220. Ó Deus, derramai em nós
o vosso Espírito de caridade,
para que, saciados pelos sacramentos pascais,
permaneçamos unidos no vosso amor.
Por Cristo, nosso Senhor.

221. Purificados da antiga culpa,
nós vos pedimos, ó Deus,
que a comunhão no Sacramento do vosso Filho
nos transforme em nova criatura.
Por Cristo, nosso Senhor.

222. Deus eterno e todo-poderoso,
que pela ressurreição de Cristo
nos renovais para a vida eterna,
fazei frutificar em nós o sacramento pascal,
e infundi em nossos corações
a fortaleza deste sacramento salutar.
Por Cristo, nosso Senhor.

Outra oração para depois do Viático:

223. Ó Deus, salvação dos que crêem em vós,
concedei que o(a) vosso(a) filho(a) N.,
confortado(a) pelo Pão e o Vinho celestes,
possa chegar ao reino da luz e da vida.
Por Cristo, nosso Senhor.

VIII. ORAÇÕES PARA A BÊNÇÃO COM O SANTÍSSIMO SACRAMENTO

224. Senhor nosso Deus,
concedei-nos haurir a salvação eterna
desta divina fonte,
pois cremos e professamos que Jesus Cristo,
nascido da Virgem Maria
e morto por nós na cruz,
está realmente presente
no sacramento da Eucaristia.
Por Cristo, nosso Senhor.

225. Senhor nosso Deus,
concedei-nos celebrar os louvores
do Cordeiro por nós imolado,
presente sob os véus do sacramento,
para que mereçamos contemplá-lo
quando se manifestar em sua glória.
Por Cristo, nosso Senhor.

226. Ó Deus, que nos destes o verdadeiro Pão do céu,
concedei-nos que, pela força
deste alimento espiritual,
vivamos sempre em vós
e ressuscitemos gloriosos no último dia.
Por Cristo, nosso Senhor.

227. Iluminai, ó Deus, os nossos corações
com a luz da fé
e acendei neles o fogo do vosso amor,
para que em espírito e verdade
adoremos a Jesus Cristo,
a quem reconhecemos como Deus e Senhor
neste admirável sacramento.
Por Cristo, nosso Senhor.

228. Ó Deus de bondade,
que vos dignais renovar-nos pelos sacramentos,
enchei os nossos corações com a doçura do
vosso amor e fazei-nos aspirar
às inefáveis riquezas do vosso Reino.
Por Cristo, nosso Senhor.

229. Ó Deus, que pelo mistério pascal do Cristo,
remistes todos os seres humanos,
conservai em nós a obra do vosso amor,
para que, comemorando o mistério
da nossa salvação,
mereçamos participar dos seus frutos.
Por Cristo, nosso Senhor.

Sumário

Rua Dona Inácia Uchoa, 62
04110-020 – São Paulo – SP (Brasil)
Tel.: (11) 2125-3500
http://www.paulinas.com.br – editora@paulinas.com.br
Telemarketing e SAC: 0800-7010081